［「みんながリーダー」の
学級集団づくり！］

学級リーダー育成のゼロ段階

河村茂雄 [著]

図書文化

まえがき

　「リーダーとなる児童生徒がいないから学級集団づくりがうまくいかない」「まじめな児童生徒が学級のためを思って意欲的にやってくれているのに、ほかの児童生徒は白けている」などの相談を、若い先生だけではなく、ベテランの先生からもよくお受けします。このような状況になってしまう原因は、学級の児童生徒だけにあるのでしょうか。教師の学級集団づくりや学級のリーダー育成の考え方と方法に問題はないのでしょうか。

　文部科学省の科学研究助成を受けて筆者が開発した、学級集団分析尺度Q-Uの大量のデータをもとに、全国の先生がおこなっている学級集団づくりの方法を整理したところ、おもに次の3点が明らかになりました。

〈学級集団づくりの隠れた論点〉
- 学級集団づくりに関して、多くの先生が「みんな同じようなことをしているのだろう」と考えているが、実は、個人差がとても大きい
- 学級集団が徐々に崩れていくプロセスには、4, 5, 6月の学級集団づくりに問題を抱えたまま、その問題を一年間引きずっていくパターンが多い
- 学級集団づくりの方法がたくさんあるなかで、良好な学級集団を形成し高い教育実践の成果を上げている先生の、学級集団づくりの考え方と方法は似ている

　この領域は、いままで表立って議論されてきませんでした。しかし児童生徒が対人関係を学びにくい時代になり、教育環境として良好と言える学級集団の形成がむずかしくなっているなかで、筆者は、この領域が学級集団づくりの良否を左右している要因と考え、データに基づく知見の発信や提案を続

けています。

　言うまでもなく，学級のリーダー育成と学級集団づくりは切り離しておこなうものではありません。良好な学級集団を形成し高い教育実践の成果を上げている先生は，学校のほかの先生からも一目置かれていますから，むずかしい児童生徒が集まった学級を担任することが多いものです。そして学級にリーダーシップがとれる児童生徒を多く育て，良好な学級集団を形成しています。その背景には，理に適った，学級集団づくりに根差した，学級のリーダー育成に関する考え方と方法があります。

　いっぽうで，学級の児童生徒の人間関係を親和的にまとまりのある状態にして教育活動を活性化させたい，そのためには，学級にリーダーになる児童生徒がいてくれたらと願う先生がいます。現在は最初から進んでリーダーシップを発揮する児童生徒が少なくなりました。だからこそ，どうにかしてリーダーシップを発揮する児童生徒を学級内に育て，その児童生徒を中心に学級集団をまとめ活動させていこうと強く考える先生です。この考えは間違いではありませんが，これからの時代に児童生徒が求められる資質を考えると，不十分だと私は思います。

　そこで，本書では，良好な学級集団を形成し高い教育実践の成果を上げている先生の考え方と方法をもとに，学級のリーダー育成に関する考え方と方法を提案します。とくに，先生方がつまずきやすい4，5月の時期に焦点化し，また先生のタイプ別に，具体的に解説を試みます。

　本書を多くの先生に手に取っていただき，学級集団づくりのたたき台にしていただければ幸いです。

2014年5月

　　　　　　　　　　　　　　　　早稲田大学教育・総合科学学術院教授
　　　　　　　　　　　　　　　　　　　　博士（心理学）　河村茂雄

「みんながリーダー」の学級集団づくり!
学級リーダー育成のゼロ段階 《目次》

まえがき　2

第1章　学級のリーダー育成の考え方

1．なぜ育てるのか ……………………………………………………… 8
- 良好な学級集団を形成する先生の，学級のリーダー育成の共通点
- 学級集団で一人一人に育てたい力

2．誰を育てるのか …………………………………………………… 9
- 学級のリーダー育成に関する考え方
- 「すべての児童生徒にリーダーとフォロワーの役割を学習させる」
  - ――すべての児童生徒を対象とする理由
  - ――「特定の資質をもつ児童生徒だけがリーダーであるという考え方から脱却する」
  - ――「特定の児童生徒をリーダーに固定するという考え方から脱却する」
- 「支え合い，学び合い，そして高め合う学級集団の状態をつくる」
  - ――グループアプローチ
  - ――ルールとリレーション
  - ――学級集団づくりの流れ
- 目標となるリーダーとフォロワーのあり方
- すべての児童生徒にリーダーとフォロワーを割り振るための考え方

3．学級のリーダー育成のゼロ段階とは ……………………………… 18
- 「学級集団づくりと学級のリーダー育成は表裏一体である」
- "ゼロ段階が達成されていない学級集団"の概要と問題点
- "ゼロ段階をなんとか維持している学級集団"の概要と問題点
- 「児童生徒の人間関係を，意図的，計画的に育成する」
  - コラム　Q-Uとは ………………………………………… 23

第2章　学級のリーダーの育て方

1．どのように育てるのか ……………………………………………26
- 「学級集団の実態に応じて育てる」
- 教師に求められるリーダーシップ

2．道筋とターニングポイント …………………………………………29
- リーダーシップを発揮する児童生徒の育成段階
- 混沌・緊張期
- 小集団成立期
- 中集団成立期
- 全体集団成立期

  コラム 「自治的集団」へ成長するきっかけになる，
  教師がおこなう，話し合い活動でのアドバイス ……………………40
- 自治的集団成立期

3．児童生徒の人間関係の背景にある，教師の指導タイプ …………44
- 学級のリーダー育成に苦戦する先生
- 学級がゆるみがちな先生
- 学級がかたくなりがちな先生
- 教師の指導タイプを生かす考え方

  コラム 活動前の緊張緩和にエクササイズを実施するときのコツ …………47

第3章　学級がゆるみがちな先生の対策

1. 実態 ··· 48
   - "学級がゆるみがちな先生"にみられる共通点
   - "学級がゆるみがちな先生"の課題
2. 混沌・緊張期の対策 ························· 49
   - 混沌・緊張期によくみられる状況
   - 状況の背景にある要因
   - "学級がゆるみがちな先生"にすすめる対策
3. 小集団成立期の対策 ························· 58
   - 小集団成立期によくみられる"悪い場合"の状況
   - 状況の背景にある要因
   - "学級がゆるみがちな先生"にすすめる対策

   コラム　学級でおこなうソーシャルスキルトレーニング ········ 68

第4章　学級がかたくなりがちな先生の対策

1. 実態 ··· 70
   - "学級がかたくなりがちな先生"にみられる共通点
   - "学級がかたくなりがちな先生"の課題
2. 混沌・緊張期の対策 ························· 71
   - 混沌・緊張期によくみられる状況
   - 状況の背景にある要因
   - "学級がかたくなりがちな先生"にすすめる対策

３．小集団成立期の対策 ･････････････････････････････････････ 80
　　●小集団成立期によくみられる"悪い場合"の状況
　　●状況の背景にある要因
　　●"学級がかたくなりがちな先生"にすすめる対策

第5章　学級集団のなかで，
　　　　人とかかわる力を育てる

　１．学級集団づくりの今日的意味 ･･････････････････････････････ 92
　　●学級集団づくりに期待されるもの
　　●教師に求められる力
　２．学級集団にみられる人間関係の教育的意義 ･･････････････････ 93
　　●学級集団のなかで体験学習できること
　　●学級集団の人間関係が育む，社会で生きるための力
　３．学級集団の発達段階と児童生徒の人間関係 ･･････････････････ 95
　　●「小集団成立期までの集団は，中集団成立期以降とは決定的に質が違う」
　　●中集団成立期以降の児童生徒の人間関係の留意点
　　●中集団成立期から小集団成立期に退行していくケース
　　●中集団成立期から自治的集団成立期に進めないケース
　　●自治的集団成立期から中集団成立期に退行していくケース
　　●学級集団づくり，人間関係づくりの鉄則

文献一覧 ･･･101
あとがき ･･･102

第1章
学級のリーダー育成の考え方

1 なぜ育てるのか

● **良好な学級集団を形成する先生の，学級のリーダー育成の共通点**

　良好な学級集団を形成し高い教育実践の成果を上げている先生の，学級のリーダー育成に関する考え方は，ほかの先生方とは明らかに違います。

　いわば児童生徒にリーダー性とフォロワー性を統合的に育てるために，学級集団を積極的に活用しようという視点に立ち，学級のリーダー育成は，その児童生徒の人格・社会性の育成をめざしてなされているのです。

● **学級集団で一人一人に育てたい力**

　以下，学級経営と学級集団の意義について整理します。

　小・中・高校の学級経営は，学級集団をもとにして，学級生活に関する問題解決を児童生徒に自主的におこなわせ，学級集団の一員としての自覚を高め，学級集団での生活や活動に主体的に協働的にコミットする経験を通して，児童生徒の人格や社会性を育成していくことが主要な目的です。

　自己管理力と自己教育力のある集団の形成に関与することを通して，すべての児童生徒にそのような力を育てることが最終的な目標です。

　小学校・中学校・高等学校の学級集団は，「場にふさわしい役割を担い責

任を果たす」「協力し合いながら相互に認め合うプロセスを通して、自律的に高め合う集団をつくる」など、すべての児童生徒がこのような学習をする集団体験の場です。児童生徒は、学級集団での生活・活動を通して、社会性と市民性を身につけていくことが求められるのです。

自己管理力と自己教育力のある、自律的に高め合う学級集団を成立させるには、児童生徒が当事者の自覚をもって学級集団を形成していく流れが必要です。教師が「こういう学級を、こうやってつくります」と上から教え込むのでは、教師に従うだけの集団しか形成されませんし、児童生徒も同様の傾向を帯びてしまいます。

❷ 誰を育てるのか

● 学級のリーダー育成に関する考え方

学級のリーダーに関する考え方の転換が必要です。

それは、学級のリーダーとは、「教師が学級集団をまとめて教育活動をおこなうのに役に立つ児童生徒という、教師に対する『助教』のような存在と捉える考え方」から、「学級集団での活動や生活を通してすべての児童生徒にリーダー性、フォロワー性を育てるという考え方」への転換です。教師が、この考え方のもとに学級集団づくりや学級経営をしていくという明確な意識をもつことが、大きな第一歩となります。

残念ながら、このような意識をもち、それに基づいて、計画的に、学級集団づくりや学級のリーダー育成をおこなっている教師は、そんなに多くはありません。

この考え方を実行するには、次の２点を押さえることが求められます。

〈学級の全員にリーダー性、フォロワー性を育てるための前提〉
・すべての児童生徒にリーダーとフォロワーの役割を学習させる
・支え合い、学び合い、そして高め合う学級集団の状態をつくる

● 「すべての児童生徒にリーダーとフォロワーの役割を学習させる」
── すべての児童生徒を対象とする理由

　日本の学校教育は，おもに学級集団で展開されます。しかし，目標は「学級集団づくり」自体にあるのではなく，児童生徒の個を育てることであり，集団の教育力を効果的に用いる，集団の機能を手段とみなす立場なのです。

　集団の機能とは，同じ集団に所属する者同士の協同の活動や，日々の集団生活のなかで発生する，人間関係の相互作用であり，メンバー同士が相互に影響を与え合う力です。

── 「特定の資質をもつ児童生徒だけがリーダーであるという考え方から脱却する」

　集団にとってその集団の核となって目標達成を推進するリーダーの存在は重要です。

　リーダーシップとは，集団に目標達成を促すよう影響を与える力であり，リーダーは，中心となってリーダーシップを発揮します。

　リーダーに関する研究の歴史を振り返ると，1940年代まで，優れたリーダーに共通する人間的な特性を明らかにしようという研究（特性理論に基づいた研究）が盛んにおこなわれましたが，リーダーとそうではない人々とを区別する特性探しは，いずれも行き詰まりました。もしこの考え方があらゆるリーダーを説明するのに有効なら，リーダーは生まれもった特性で決まることになり，教育の入り込む余地はありません。

　以後，リーダー研究は，個人の特性ではなく，リーダーが示す特定の行動が注目されました（行動理論に基づいた研究）。この研究からは，「リーダーはその集団がめざす目標達成への働きかけと，メンバーへの人間的配慮のバランスをとってリーダーシップを発揮することが肝要である」ということなどが導かれました。

　その後，リーダーの行動と集団の業績に一貫した関係を見出すことがむずかしいことが明らかになり，「集団の状態や置かれた状況の要因が大きい」という考え方がリーダー研究の主流になりました。

ここまでみていくと,「特定のリーダーがいれば,特定のリーダーシップを発揮できれば,必ずや集団はまとまり,集団生活や活動はうまくいくというものではない」ことがわかります。
　そして,近年の研究では,「すべてのメンバーが一定の意識性をもち,自ら集団をより最適な状態につくっていくという姿勢と行動が大事である」ことが認識されてきました。まさに学級集団づくりの考え方です。

── 「特定の児童生徒をリーダーに固定するという考え方から脱却する」

　学級開きの初期には,学級目標の意義を素早く理解し積極的に行動する児童生徒や,学習や運動の能力が高い児童生徒が周りから一目置かれ,学級の中心になりやすいものです。このような児童生徒がリーダーシップをとることを教師が期待してリーダーの役割を与え,混沌とした学級集団をまとめていこうとするのは,一般的にみられることです。
　分岐点は,学級集団が発達していくなかで,そういう児童生徒をリーダーとして固定していくのか,それとも多くの児童生徒にリーダーシップをとれる機会を設定していくのか,です。
　従来,「かたさのみられる学級集団」では,いつも同じ児童生徒にリーダーが任され,そういう児童生徒を中心にピラミッド型の学級集団を形成していくのが常でした。その結果,イニシアティブをとり意欲の高い児童生徒から,やらされているだけの意欲の低い児童生徒までが階層化していくのです。
　階層が固定すると,学級集団はどこか封建的な安定状態になります。残念なのは,この安定状態を良しとしている先生が少なからずいることです。これでは下層に位置した児童生徒は,学校教育で期待される社会性や市民性を十分に獲得することができず,学習意欲もいろいろな活動に取り組む意欲も低下してしまうのです。
　つまり,社会性や市民性を獲得させる手段として,学級のすべての児童生徒にリーダーシップを発揮する役割を任せたり,場面設定をしたりすることが求められるのです。リーダーシップを発揮する役割でない場合は,主体的

にフォロワーシップを発揮していくことを教え，活動させます。フォロワーシップとは，集団の目的達成に向けてリーダーを補助していく機能です。フォロワーはリーダーの指示に単に従うというイメージではなく，主体的に自分の考えを伝え，目的達成にコミットしていく姿勢が求められるのです。

● 「支え合い，学び合い，そして高め合う学級集団の状態をつくる」
──── グループアプローチ

「児童生徒の個を育てることを目標に，集団の教育力を効果的に用いる」という考え方は，グループアプローチの考え方と同義です。

グループアプローチとは，「個人の心理的治療・教育・成長，個人間のコミュニケーションと対人関係の発展と改善，および組織の開発と変革などを目的として，小集団の機能・過程・ダイナミックス・特性を用いる各種技法の総称」(野島, 1999) です。**表1**（p.13）の内容がその効果として指摘されています。

固定されたメンバーで共同活動や生活を営む日本の学校は，おもに学級集団での生活や活動が，児童生徒の情緒の安定と心理社会的な発達を促進する土壌になっています。したがって，グループアプローチとしてのプラス効果が生まれるように，学級集団を望ましい状態に育成することが必要なのです。

──── ルールとリレーション

学校サポートの一環として収集した学級観察のデータを整理した結果，教育環境の良好な学級集団には，「ルール」と「リレーション」という2つの要素が確立していることが認められました(河村, 1999)。学級集団には，ルールとリレーションを相補的に確立していく必要があること，この2点の確立具合によって学級集団の状態を把握することを提唱してきました。

良好な学級集団では，対人関係に関するルール，集団活動や生活をする際のルールが児童生徒に理解され，ルールに沿った行動が定着しています。すると，対人関係のトラブルが減少して人とのかかわりに安心感が生まれ，学級内の交流が促進されます。児童生徒が自主的に活動するうえで最低限の守

表1　グループアプローチの効果
(野島,1999)をもとに筆者が表を作成

分類	項目	内容
個人アプローチとグループアプローチに共通にみられる効果	受容	他者に温かく受け入れられることにより，自信や安心感が生まれる。
	支持	他者からのいたわりや励ましによって，その人の自我が支えられ強められる。
	感情転移	他者に対し，その人にとって重要な人との関係が再現される。
	知性化	知的に理解したり解釈をして，不安を減少させる。
	カタルシス	自分のなかの抑えていた情動を表出することで，緊張解消が起こる。
	自己理解	自分自身の自己概念・行動・動機などについて前よりも理解が深まる。
	ガイダンス	他者からその人に役立つ助言や情報が得られる。
グループアプローチに特有に認められる効果	愛他性	自己中心的傾向を抑えて，他者を温かく慰めたり親切な助言をすることで，他者を助けることができる喜びによって，安定感，生活意欲が高まる。
	観察効果	他者の言動を見聞きするなかで，自分のことを振り返ったり見習ったりする。
	普遍化	他者も自分と同じような問題や悩みをもっているということを知り，自分だけが特異でないことを自覚し，気が楽になる。
	現実吟味	家族関係，人間関係の問題をグループの中で再現し，その解決法を試行錯誤しつつ学ぶことで自信をもち，適応能力が高まる。
	希望	他者の成長や変化を目の当たりにすることによって，将来に向けて希望がもてるようになる。
	対人関係学習	話したり聞いたりすることを通して，自己表現能力や感受性が高まる。
	相互作用	グループ担当者とメンバー，メンバー同士でお互いに作用し合う。
	グループ凝集性	グループとしてのまとまりが相互の援助能力を高める。

るべきルールがあることで,授業にも,けじめのある活発さが生まれます。

　リレーションとは,互いに構えのない,ふれ合いのある本音の感情交流が行える人間関係のことです。児童生徒同士にリレーションがあると,仲間意識が生まれ,集団活動が協力的に,活発になされるようになります。授業でも児童生徒の学び合いの作用が向上し,一人一人の学習意欲が高まります。

―― 学級集団づくりの流れ

　学級集団の状態は,ルールとリレーションの確立具合によって,**図1**（p.16）の6つに類型化することができます。また,集団の成熟具合の目安として,**図2**（p.17）のような学級集団の発達段階があります。

　めざすのは,「親和的なまとまりのある学級集団」と「自治的集団成立期」です。

　このような学級集団では,一人一人が尊重され,みんなで定めた目標とそれを達成するための行動やルールが共有され,感情交流も伴った人間関係の輪が全体に広がっています。そのなかで一人一人が,主体的に,意欲的に,級友とかかわりながら活動しています。

　もし学級で問題が起これば,自分たちで話し合い,集団も個々も向上するように対処します。つまり,このような学級集団に所属する児童生徒は,支え合い,学び合い,高め合いの状況を,自分たちでつくりだすことができるようになっているのです。

　このような状態をめざす学級集団づくりの骨子とは,学級のすべての児童生徒に対して,学級での生活や活動を通して,次の①～⑤を体験学習させていくこと,最初は教師が主導しながら徐々に児童生徒に主導権を委ねていき,最終的には自分たちでできるようになることです。

〈学級集団づくりの大きな流れ〉
①学級集団とは何か,どういう仕組みなのかを理解させる。学級集団の一員として生活・行動するとはどういうことかを理解させる

②学級集団の一員としての生活・行動の仕方を自発的にできるように促す

③学級集団の一員としての生活・行動を学級のすべての児童生徒ができるように広げる

④学級集団の一員としての生活・行動を学級のすべての児童生徒が自らできるように習慣化させる

⑤④を主体的に，能動的にでき，児童生徒で自己管理と自己教育ができる学級集団を形成して運営していく

● 目標となるリーダーとフォロワーのあり方

　すべての児童生徒が主体的に活動している学級集団では，状況に応じて最もふさわしい児童生徒がリーダーとなり，リーダーシップを発揮します。そして，そのときのリーダーを，ほかのすべての児童生徒がフォロワーとして能動的に支えます。つまり，リーダーとなる児童生徒が毎回固定せず，すべての児童生徒にリーダーもフォロワーも担当する機会があるのです。

　このような学級集団では，一人一人に目標をしっかり理解して達成しようという意欲，当事者意識と責任感が高まっていると同時に，級友との信頼関係があります。そして，「級友と一緒に成長していこう」という意識が生まれています。このような状態を現出させるには，すべての児童生徒に計画的に体験学習をさせていくことが必要なのです。

　以上のような理想的な学級集団におけるリーダーの児童生徒には，みんなの成長や喜びに貢献できる，級友一人一人の感情を考えながら行動できる，などのリーダーシップが求められます。また，リーダー以外の児童生徒にも，リーダーの働きかけがより大きな成果に結びつくように，自分ができることに能動的に取り組むなどのフォロワーシップが求められます。

● すべての児童生徒にリーダーとフォロワーを割り振るための考え方

　学級集団は段階的に成長します。したがって，学級のリーダーを体験学習する機会は，最初からすべての児童生徒に同時に割り振られるわけではありません。学級リーダーの育成という視点から学級担任の仕事をみれば，学級

親和的なまとまりのある学級集団（満足型）	かたさのみられる学級集団（管理型）
Q-U／ルール高×リレーション高 ルールとリレーションが同時に確立している状態	Q-U／ルール高×リレーション低 リレーションの確立がやや低い状態
学級にルールが内在化していて，そのなかで，児童生徒は主体的に生き生きと活動しています。児童生徒同士のかかわり合いや発言が積極的になされています。	一見，静かで落ち着いた学級にみえますが，意欲の個人差が大きく，人間関係が希薄になっています。児童生徒同士で承認感にばらつきがあります。

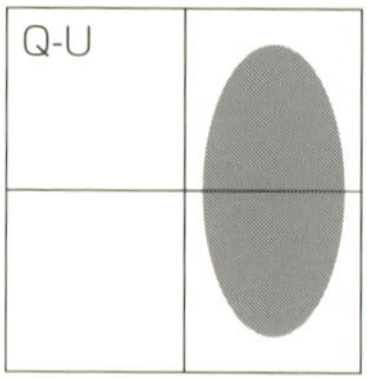

（満足型の図：侵害行為認知群／学級生活満足群／学級生活不満足群／非承認群）

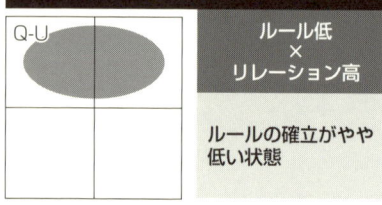

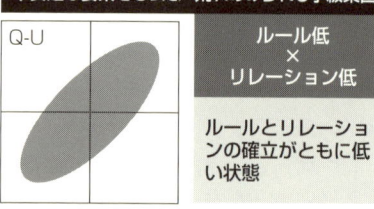

ゆるみのみられる学級集団（なれあい型）	不安定な要素をもった／荒れのみられる学級集団
Q-U／ルール低×リレーション高 ルールの確立がやや低い状態	Q-U／ルール低×リレーション低 ルールとリレーションの確立がともに低い状態
一見，自由にのびのびとした雰囲気にみえますが，学級のルールが低下していて，授業中の私語や，児童生徒同士の小さな衝突がみられ始めています。	学級内の規律と人間関係が不安定になっています。または，「かたさのみられる学級集団」や「ゆるみのみられる学級集団」の状態から崩れ，問題行動が頻発し始めています。

教育環境の低下した学級集団（崩壊型）	拡散した学級集団（拡散型）
Q-U／ルール喪失×リレーション喪失 ルールとリレーションがともに喪失した状態	Q-U／ルール混沌×リレーション混沌 ルールとリレーションの共通感覚がない状態
児童生徒は，学級に対して肯定的になれず，自分の不安を軽減するために，同調的に結束したり，他の児童生徒を攻撃したりしています。	教師から，ルールを確立するための一貫した指導がなされていない状態です。児童生徒の学級に対する帰属意識は低く，教師の指示は通りにくくなっています。

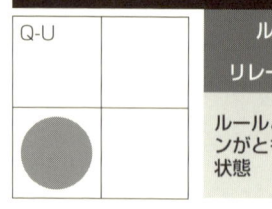

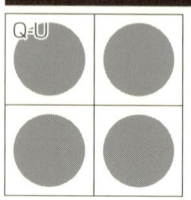

図1　学級集団の状態

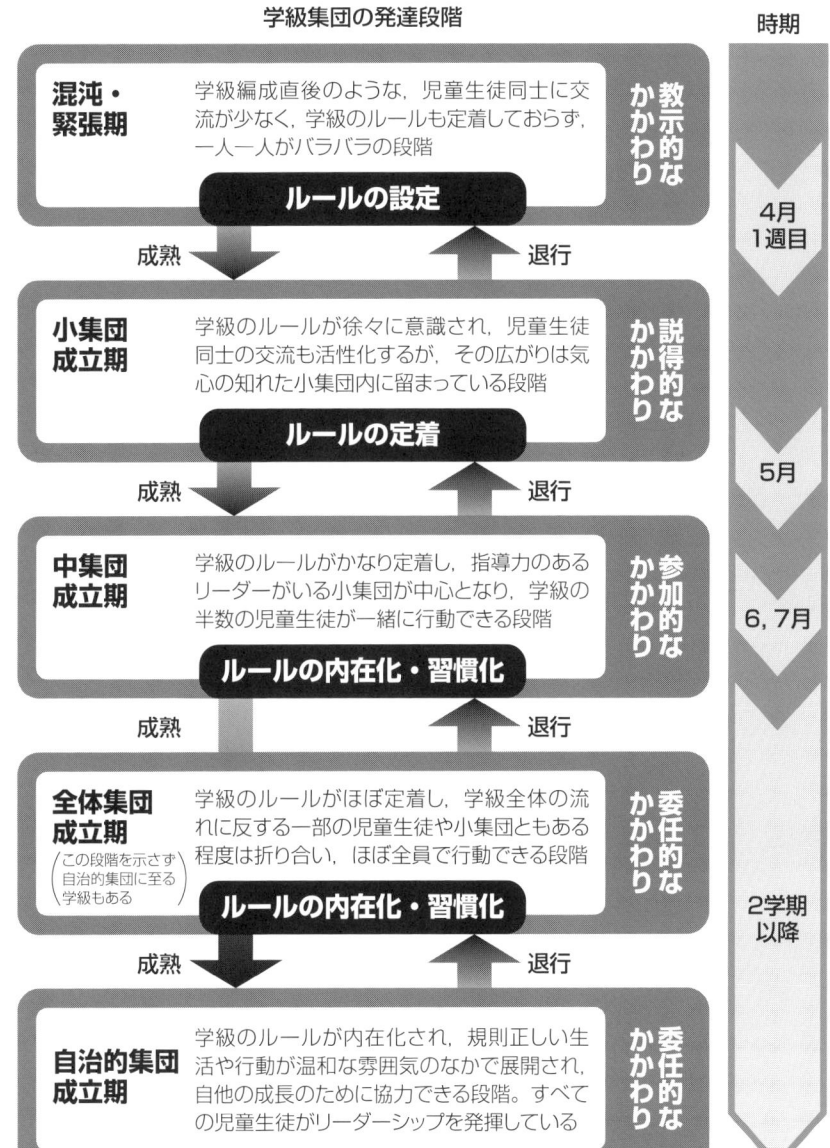

図2 学級集団の発達段階と到達目安の時期

集団の発達段階に即して、いまの学級集団にはどのようなリーダーシップが必要かを考えながら、ふさわしい児童生徒から順にリーダーの役割を割り振り、最終的に、学級のすべての児童生徒がリーダーとフォロワーについて体験学習できる機会を提供することが求められています。

例えば、「学級開き当初は、安心して活動できるルールの定着が最優先課題なので、この段階では、自分からルールを守って行動している児童生徒がリーダーシップを発揮できるように展開しよう」のように考えます。この「段階に応じた学級リーダーを育成していく」方法論には、良好な学級集団を形成し、高い教育実践の成果を上げている先生の特徴があるのです。

リーダーの体験学習は、学級委員や班長、教科リーダーなどの定番のポストで完結させることにこだわらず、学級の実態に即した、集団と個の利益になるものを適宜設定するなどして、適材適所を意識しながら展開します。

❸ 学級のリーダー育成のゼロ段階とは

● 「学級集団づくりと学級のリーダー育成は表裏一体である」

目的を共有し、規律があり（ルールが共有化されており）、親和的な人間関係でまとまった（リレーションも確立している）学級集団においては、親

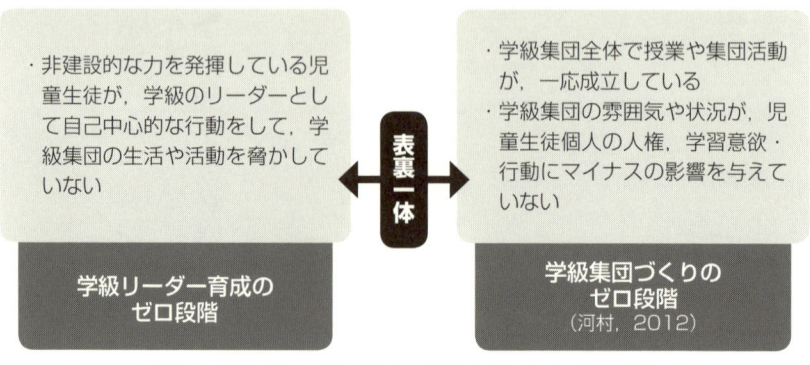

図3　学級のリーダー育成と学級集団づくりの関係性

和的で建設的な相互作用が，児童生徒一人一人に，リーダーシップの獲得も促すのです。つまり，日本の学校教育において，学級のリーダー育成のゼロ段階とは，学級集団づくりのゼロ段階と表裏一体であり，個々の児童生徒にとって，級友とのかかわりが学びとなり，学級集団にいることが生活や学びに大きなマイナスとならない状態です。「このレベルでよし」とする教師は少ないと思いますが，「このレベルが達成されていない学級」と「このレベルをなんとか維持している学級」は一定数存在しています。

● "ゼロ段階が達成されていない学級集団"の概要と問題点

　研究室にストックしている学級集団のデータをみると，図3（p.18）のレベルが確保されていない学級集団が一定数存在することがわかっています。「不安定な要素をもった／荒れのみられる学級集団」「教育環境の低下した学級集団」で，混沌・緊張期から退行している学級集団にみられます。

　学級全体の教育的な相互作用を促進する児童生徒が，学級のリーダーになっていることはなく，非建設的な力を発揮する児童生徒が教師の指導を妨げ，学級のほかの児童生徒を牛耳っています。多くの児童生徒は素直に自分の考えや感情を表明することができず，裏面交流や強い者への同調，自分が攻撃されないための防衛の仕方などを，結果的に学んでいくのです。信頼関係や支え合いは乏しく，「失敗したらバカにされないか…」「自分は陰で中傷されていないか…」という緊張や不安が高まり，児童生徒の情緒も不安定です。

　結果的に，授業にも集中できず，諸々の活動にも連携して取り組めず，学級の一員としての帰属意識も低下し，児童生徒の学級不適応感が高まり，いじめ問題が噴出します。

　このような学級集団においては，児童生徒が建設的なリーダーシップもフォロワーシップも学ぶことは期待できません。

● "ゼロ段階をなんとか維持している学級集団"の概要と問題点

　研究室にストックしている学級集団のデータをみると，図3のレベルに留

まる学級集団は，30〜40%存在します。「ゆるみのみられる学級集団」「かたさのみられる学級集団」「拡散した学級集団」で，混沌・緊張期から小集団成立期までの学級集団にみられます。

　学級編成直後のような，児童生徒同士に交流が少なく，学級のルールも定着しておらず，一人一人がバラバラの状態の学級です。学級全体の教育的な相互作用を促進する児童生徒もみられず，多くの児童生徒は緊張や不安のなかで，自分の本音を隠し，周りの様子を窺い，自分が傷つけられないような防衛的な行動をとったり，虚勢を張って攻撃的になったりしがちです。非建設的な力を発揮する児童生徒や，自己中心的で自己主張の強い児童生徒の声が，学級全体の声のように思われがちです。

　このような状況が少し改善されると，学級のルールが徐々に意識され始め，児童生徒同士の交流も活性化しますが，その広がりは未だ気心の知れた小集団内に留まり，しばしば不安や緊張から自分を守るために身近な数人で固まり外に閉じたかたちになる不安のグルーピングが生じます。学級全体よりも，自分たちのグループの利益が優先され，その維持に力が注がれ，グループ内の児童生徒と秘密を共有したり同調行動をとったり，また，グループ外の特定の児童生徒を共通の敵とすることで団結するなどの，非建設的な行動が多くみられます。

　1，2割の児童生徒が，学級目標やルールに沿った行動を積極的にとり，学級の核のような存在になり，リーダーシップをとりますが，その影響は限定的です。なぜなら，ほかの児童生徒のフォロワーシップが育っていないからです。

　もし，小集団成立期に，学級の大きな流れが建設的な方向に向かわず，現状維持に向かうと，学級集団は，学級目標を達成しようとする主流派と，それに反発する反主流派，そしてそれらに無関心な大多数の中間派に階層化し，それぞれの階層内で閉じた人間関係が形成され，全体としてのまとまりは望めなくなります。

児童生徒の建設的な話し合い活動を成立させるためには，最初の段階で，集団生活におけるルールやマナーの習得が必要であることを指摘しました。この課題の達成に，「ゆるみのみられる学級集団」と「かたさのみられる学級集団」は苦戦しがちです。

　「ゆるみのみられる学級集団」では，集団生活におけるルールやマナーに関する習得の段階（混沌・緊張期）の対応が不十分になってしまうため，学級にはゆるみ型特有の児童生徒の人間関係が現出してしまうのです。まさに，学級集団としての成立が不十分な状態です。

　そして「かたさのみられる学級集団」では，集団生活におけるルールやマナーに関する習得が目的化して，いろいろな活動が児童生徒の自発的な考えの交流の場ではなく，ルールに沿った行動の仕方の訓練の場と化してしまう傾向があるのです。

　「自治的な学級集団での生活や活動を通して，児童生徒の個を育成するという教育的営み」のなかで，「教師が指導すること」と「児童生徒の主体性に委ねること」とを一体化させなければならないのですが，それが十分に達成できていないのです。

　「児童生徒の主体性に委ねること」だけで，自然と児童生徒は建設的な活動を展開できるようにはなりません。

　また，規律や規範の意味や意義は，教師が一方的に厳格に教え込んでも，それが児童生徒の自発的な行動に結びつくことは少ないのです。

　混沌・緊張期，小集団成立期は，まさに学級が学級集団として成立していくための，重要な時期なのだと思います。

● 「児童生徒の人間関係を，意図的，計画的に育成する」

　児童生徒は自然に建設的な人間関係を形成できるわけではありません。家庭や地域社会での体験学習が不足すると，人間関係をうまく形成・維持できなかったり，過度に不安になったり緊張したり，ストレスを適切に処理できないなどの困難を抱えるようになります。その結果，人間関係を避けたり，

逆に攻撃的になるなどの行動や態度が表面化します。

　いま，"ふつう"の児童生徒が人間関係をつくる力が低下しています。このような児童生徒が30人前後，学級に集められることで，人間関係に起因した様々なトラブルが発生し，児童生徒にとって学級がストレスフルな場所になってしまうことがあるのです。

　教師は児童生徒の不安を取り除くために，学級開きの時点から，計画的に人間関係を育成していくことが強く求められます。最初は身近な級友から徐々に違うタイプの級友へと，最初は4人くらいから徐々に10人くらいへ，そして学級の全員と能動的にかかわれるように。

　最終目標は，すべての児童生徒が学級の全員と能動的にかかわれるようになり，集団の一員としての自覚を高め，集団生活・活動に主体的にコミットする経験を通して，社会性，市民性を獲得することです。そのためには，学級集団の発達段階に沿って，すべての児童生徒に学級集団の成長をリーダーとして推進してもらうと共に，ほかの児童生徒のフォロワーシップを育成していくことが必要です。

　本書は，学級集団の発達段階を踏まえながら，学級集団づくりに根ざした学級のリーダー育成，児童生徒の人間関係づくりを，どう展開していくのかを解説します。その際，人間関係の相互作用から生じる学級集団の状態を，「親和的なまとまりのある学級集団」「かたさのみられる学級集団」「ゆるみのみられる学級集団」「不安定な要素をもった／荒れのみられる学級集団」「教育環境の低下した学級集団」「拡散した学級集団」とタイプ分けして解説します。

コラム

Q-Uとは

■Q-Uの概要

　Q-Uは，児童生徒の学校生活・学級生活の満足感を調べる質問紙で，標準化された心理検査です。
　教師が，面接や観察で得た情報を客観的に補うアセスメント方法として，全国の教育現場で，よりよい教育実践のために広く活用されています。

〈Q-U，hyper-QU の特徴〉
・15分間程度で一斉に実施できる。朝の会・帰りの会でできる
・「個人」「学級集団」「学級集団と個人の関係」の3つの面を把握できる
・結果はグラフ化される
・結果を比較できる。年に2〜3回実施して前回の結果と比較することで，その時々の教育実践の効果を確かめることができる

　Q-Uは，児童生徒の満足感を多面的に調べるために，「学級満足度尺度」と「学校生活意欲尺度」という2つの尺度で構成されています。
　Q-Uに「ソーシャルスキル尺度」が加わったものが hyper-QU です。

〈Q-U，hyper-QU を構成する質問紙〉
①学級満足度尺度（いごこちのよいクラスにするためのアンケート）
②学校生活意欲尺度（やる気のあるクラスをつくるためのアンケート）
③ソーシャルスキル尺度（日常の行動をふりかえるアンケート）

■「学級満足度尺度」をみる視点

本稿では，学級満足度尺度を中心に紹介します。

学級満足度尺度では，「児童生徒個人の学級生活満足度」「学級集団の状態」「学級集団と個人との関係」を同時に把握することができます。

児童生徒が所属する学級集団をいごこちがよいと感じるのは，（1）トラブルやいじめなどの不安がなくリラックスできている，（2）自分が級友から受け入れられ，考え方や感情が大切にされている，と感じられる，という2つの側面が満たされたときです。

本尺度は，この2つの視点をもとに，児童生徒の満足感を測定します。（1）を得点化したものが「被侵害得点」,（2）を得点化したものが「承認得点」です。これらを座標軸にして，児童生徒が4群のどこにプロットされているかをみるのが一般的です。

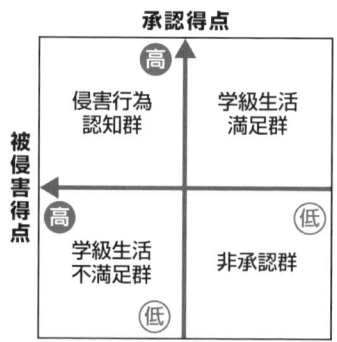

学級満足度尺度のプロット図

①学級生活満足群

「被侵害得点」が低く，「承認得点」が高い状態です。この群にプロットされる児童生徒は，学級に自分の居場所があると感じており，学級での生活や活動を意欲的に送っていると考えられます。

②非承認群

「被侵害得点」と「承認得点」が共に低い状態です。この群にプロットされる児童生徒は，学級に関する強い不安を感じている可能性は低いですが，級友に認められることが少ないと感じていると考えられます。学級で

の生活や活動への意欲の低下がみられることも少なくありません。

③侵害行為認知群

「被侵害得点」と「承認得点」が共に高い状態です。この群にプロットされる児童生徒は，学級での生活や活動に意欲的に取り組んでいると思われますが，自己中心的に進めてしまい級友とのトラブルが生じていることがあります。また，深刻ないじめを受けていることも考えられます。

④学級生活不満足群

「被侵害得点」が高く，「承認得点」が低い状態です。この群にプロットされる児童生徒は，学級に自分の居場所があるとは感じられず，学級で生活や活動することに関して，不安や緊張をもちやすい状態にあると考えられます。耐え難いいじめや悪ふざけを受けている可能性があります。

学級満足度尺度の個人結果を，一枚の図にまとめることで，学級集団の状態がみえてきます（代表的なプロット図は，p.16で紹介しました）。

■学級のリーダーとQ-U

学級には，学級委員や班長などのフォーマルなリーダーと，教師に反抗する児童生徒の中心人物や，学級集団への影響力が大きい・影で仕切る児童生徒などのインフォーマルなリーダーがいます。

学級における，そういう児童生徒の存在を確認し，「学級満足度尺度」でどの群にプロットされているかを確認して，学級集団の実態把握に努め，今後の対応に生かすことが大切です。

第2章
学級のリーダーの育て方

❶ どのように育てるのか

● 「学級集団の実態に応じて育てる」

　学級集団づくりの目的は，学級集団での活動や生活を通して児童生徒一人一人にリーダー性とフォロワー性を育て，自律的に高め合う学級集団をつくるプロセスを通して社会性や市民性を育成していくことです。そのため教師は役割設定や環境設定をしてモデルを見せ，体験させ，気づかせていきます。自主的・協働的に行動できるように育てていくことが基本です。自発的な行動の育成ですから，児童生徒に対して一方的に教え込むことはできないのです。

　教師に求められる対応の重点は，学級集団の実態によって微妙に違います。また，学級の児童生徒に優先的に体験させたいリーダーやフォロワーとしての行動も，学級集団の実態によって違います。本章では，学級集団の各段階でどのような対応が求められるのか，解説します。

● 教師に求められるリーダーシップ

　拙著『学級集団づくりのゼロ段階』で，良好な学級集団を形成し高い教育実践の成果を上げている教師の，学級集団づくりの展開の仕方を紹介しまし

た。それは、筆者が文部科学省の科学研究費補助金を受けた研究（「基盤研究（C）課題番号21530703」、「基盤研究（C）課題番号24530836」）の結果として見出されたものでした。調査を進めるなかでみえてきた、「地域にかかわらず、良好な学級集団はその雰囲気や状態が似ている」「良好な学級集団は集団としての発達過程が似ており、各発達段階における各先生の学級経営の指針、指導行動の展開が似ている」という2点が着想の原点でした。

　良好な学級集団を形成する教師のリーダー像の共通点と、教師のリーダーシップ行動の共通点を整理すると、**表2**（p.28）のような特徴がありました。それらの最大公約数は、近年産業界で注目を集めている、「サーバントリーダーシップ」と類似していることがわかります。

　サーバントリーダーシップは、パワーを行使して人や組織を動かす、管理型のリーダーシップとは対極にあり、組織の目標を明確に示して、メンバーを支援して、目標達成に導く、奉仕型のリーダーシップです。一方的に指示や命令を出してメンバーに「やらせる」のではなく、対話を通したリーダーとメンバー、メンバー同士の信頼関係に基づいて、メンバーの力や意欲を引き出し、目標達成に向けた主体的な行動を促進するという考え方です。

　以上、目標となる学級集団の状態と、それを段階的に形成する方法論と、良好な学級集団を形成する教師の共通点を踏まえたうえで、学級のリーダー育成と学級集団づくりを表裏一体的におこなう教師のあり方について整理すると、次の3つに集約されます。

〈学級のリーダー育成と学級集団づくりを表裏一体的におこなう教師のあり方〉
- 目標が明確になっている：親和的なまとまりのある学級集団「すべての児童生徒が主体的にコミットする自己管理力と自己教育力のある自律的に高め合う学級集団」
- 目標とする学級集団づくりの形成の仕方に一定の道筋をもっている
- リーダー像は一定で、学級集団の発達段階ごとにリーダーシップの発揮の仕方を変えている

表2　良好な学級集団を形成する教師の共通点

児童生徒に対する考え方

- 児童生徒一人一人に対して受容的である
- 児童生徒個々の成長に喜びと教職のやりがいを感じている
- ユーモアのセンスがある
- 児童生徒の自主性を大事にしている
- 児童生徒個々と学級集団の状況の実態把握が的確で，そのうえで明確な方針を立てることができる
- 児童生徒間の建設的な相互作用（支え合い，学び合い，高め合い）を大事にしている

児童生徒に対する行動

- 児童生徒の思いを取り入れながら学級目標を立て，個人や学級集団のあるべき姿（ビジョン）を具体的に示し，適切な場面で繰り返し伝えている。自分の思いや考えを，適切な場面をとらえて自己開示している
- 児童生徒に自分から声をかけている，励ましている。児童生徒と雑談する場面が多い。児童生徒と一緒になって楽しんでいる
- 児童生徒相互の支え合い方，学び合い方を適切な場面で教えている。児童生徒がかかわり合う場面を計画的に設定している。かかわり合い方も教えている
- 指導と援助のバランスのよいリーダーシップ行動をとっている。指示・命令でやらせるのではなく，対話をして納得させて自ら行動できるように支援している。全体の活動では取組みの段取りの仕方，行動の仕方を具体的に教えている。児童生徒の個別の相談によくのっている。個別のサポートを的確におこなっている

❷ 道筋とターニングポイント

● リーダーシップを発揮する児童生徒の育成段階

「親和的なまとまりのある学級集団」を形成する教師は，学級を自律的な集団に形成するために，段階的な展開をしています。そして最終的に学級の児童生徒に，社会性や市民性の基礎となるリーダーシップやフォロワーシップを身につけさせます。

学級集団づくりにおいて，最低限押さえなければならない，各段階の特徴を押さえ，その段階にふさわしい児童生徒にリーダーシップを発揮させ，最終的にはすべての児童生徒にリーダーシップを発揮する機会を設定する流れを，次のようにまとめることができます。

混沌・緊張期
　教師がモデルとなる行動をとりながら児童生徒にそのような行動の意義を説明し，その方法を教えていく　⇒　p.32

小集団成立期
　学級内の相対的に意識性の高い児童生徒が，教師の説明と行動をモデルにして行動し，リーダーシップを発揮できるように支援していく　⇒　p.34

中集団成立期
　教師や意識性の高い児童生徒の行動が学級に広まり，新たに意識性が高まった児童生徒がリーダーシップを発揮できるように水面下で支えていく　⇒　p.36

全体集団成立期
　周りの児童生徒が能動的にフォロワーシップを，おとなしい児童生徒もリーダーシップを発揮するように全体的，長期的な視点でサポートしていく　⇒　p.38

自治的集団成立期
　活動の内容に応じていろいろな児童生徒が，リーダーシップやフォロワーシップを柔軟に発揮するように全体的，長期的な視点でサポートしていく　⇒　p.42

学級のリーダー育成の目安

学級集団の発達段階	混沌・緊張期 (p.32)	小集団成立期 (p.34)
段階	児童生徒の意識性を高め，方法を共有させる	コアメンバーを形成する
やること	①すべての児童生徒に学級集団を形成する当事者としての意識をもたせる ②不安のグルーピングを予防するために，教師や級友に対する緊張感を和らげる ③教師や級友とかかわるための知識や技術を教え，抵抗なく取り組める場面を設定して，実際にかかわらせる	①学級の3分の1の児童生徒に，学級目標や学級のルールに沿う建設的な行動が定着するように，モデルとなる行動をしているグループの中心的な児童生徒を，学級のリーダーとする ②不安のグルーピングを予防する
学級集団づくりの大きな流れ	学級集団とは何か，どういう仕組みなのか，集団の一員として生活や行動するとはどういうことかを理解させる	学級集団の一員としての生活や行動の仕方を自発的にできるように促す
学級のリーダー育成の大きな流れ	教師がモデルとなる行動をとりながら児童生徒にそのような行動の意義を説明し，その方法を教える	学級内の相対的に意識性の高い児童生徒が，教師の説明と行動をモデルにして行動し，リーダーシップを発揮できるように支援をする

中集団成立期 (p.36)	全体集団成立期 (p.38)	自治的集団成立期 (p.42)
リーダーシップを発揮する児童生徒をローテーションさせる	おとなしい児童生徒にもリーダーシップを発揮させる	すべての児童生徒にリーダーシップもフォロワーシップも発揮させる
①中集団で活動するとき，小集団同士で話し合い，活動の見通しを共有し，役割分担をして活動できるようにする ②学級の半数以上の児童生徒が学級目標や学級のルールに沿う行動を積極的にとるようになることと，いろいろな児童生徒が取組みに応じてリーダーシップを発揮することを促す	①その活動に応じた児童生徒が学級のリーダーとなること，すべての児童生徒がフォロワーシップの発揮の仕方を身につけること，みんなで設定した行動がとれる児童生徒がほぼ全体に広がることを促す ②児童生徒の認め合いが広がり，学級のほとんどの児童生徒が主体的に役割を果たしながら学級の活動に取り組むことを促す	①教師は見守る姿勢を増やし，全体の場で意見や考えを表明して，学級内の問題や，みんなで取り組むべきことなどについて，みんなで考えるきっかけや視点を与える
学級集団の一員としての生活や行動を学級のすべての児童生徒ができるように広げる	学級集団の一員としての生活や行動を学級のすべての児童生徒が自らできるように習慣化させる	学級集団の一員としての生活や行動を学級のすべての児童生徒が主体的，能動的にでき，児童生徒で自己管理と自己教育ができる学級集団を形成して運営する
教師や意識性の高い児童生徒の行動が学級に広まり，新たに意識性が高まった児童生徒がリーダーシップを発揮するように水面下で支える	すべての児童生徒がフォロワーシップを，おとなしい児童生徒もリーダーシップを発揮するように，児童生徒の主体的な活動を，全体的，長期的な視点でサポートする	活動の内容に応じていろいろな児童生徒がリーダーシップやフォロワーシップを柔軟に発揮するように，全体的，長期的な視点でサポートする

混沌・緊張期

「児童生徒の意識性が高まり，方法を共有している」という状態をめざします。「（1）不安な様子がみられるなかで，教師主導で一定の行動をしている」「（2）みんなで設定した基づく行動が，教師の行動がモデルになり，核になる一部の児童生徒に定着し行動化されている」という状況を現出させるのです。

やること

①**すべての児童生徒に学級集団を形成する当事者としての意識をもたせる**
・学級目標と学級のルールづくりを通して，理想の学級集団のイメージを児童生徒一人一人に意識させる。児童生徒個々の思いを取り入れた学級集団のめざす姿や学級目標，そのために各自が守らなければならないルールがみんなで設定され合意する手続きをとる
・教師は，みんなで設定した学級集団のめざす姿や学級目標，ルールに基づく行動を意識的にとる
・児童生徒一人一人に，目標やルールを書かせ，発表し合わせる
・学級のあり方に関する教師の考えを，すべての児童生徒に対して，具体的な場面を取り上げて繰り返し説明する

②**不安のグルーピングを予防するために，教師や級友に対する緊張感を和らげる**
・活動の前に緊張感を和らげる，簡単なゲームを取り入れる
・ユーモアを織り交ぜて取組みの説明をする

③**教師や級友とかかわるための知識や技術を教え，抵抗なく取り組める場面を設定して，実際にかかわらせる**
・席順，生活班，係活動のグループをつくり，基本的なソーシャルスキルを体験学習できる交流を促進する

ここに注目！

▎**児童生徒の望ましい小さな行動を見逃さず，認める言葉がけを，個人的に，全体の場で，こまめにかけ続ける**

　児童生徒は級友とのかかわり方に戸惑っているので，児童生徒同士でかかわる，何人かで活動する，そのやり方を共有させ，集団を育成する前の，個人レベルでの関係づくりが必要です。また，学級内での行動や考え方の基準が確立していないので，目標とルールに基づく行動をしっかりとっている児童生徒を勇気づけ，そのような行動が学級のなかで定着するように支援していくことが必要です。

　そこで，教師が，**教示的**にリーダーシップを発揮して，「一つ一つやり方を教える，手本を示してやり方を理解させる」というかかわり方を，全体に説明するだけではなく，具体的な場面を捉えて個人的レベルで，十分にしていきます。

　そうすることで，児童生徒は不安が軽減され，かかわり方も示されているので，ほかの児童生徒とそれなりにかかわっていけるようになり，その積み重ね自体が，児童生徒の人間関係の不安を低下させていきます。

ここが分かれ目！

▎**目標が8割くらいの児童生徒に意識されてきたとき，望ましい行動がとれ，ほかの児童生徒からも支持される児童生徒を，学級の核になるように位置づけることができるか**

▎**自分から規律を守っていこうとする児童生徒が公的なリーダーとして活躍しているか**

小集団成立期

「**コアメンバーを形成している**」という状態をめざします。「（１）１，２割の意識性の高い児童生徒が学級目標やルールに沿った行動を積極的にとり，学級の核のような存在としてリーダーシップを発揮している」「（２）リーダーシップを発揮する児童生徒の行動の正当性を，ほかの児童生徒が認め始めている」「（３）人間関係の不安が減り，いろいろな級友とかかわる児童生徒が６，７割くらいになる」という状況を現出させるのです。

やること

①学級の３分の１の児童生徒に，学級目標や学級のルールに沿う建設的な行動が定着するように，モデルとなる行動をしているグループでも中心的な児童生徒を，学級のリーダーとする

・係活動や生活班のグループを活用して，ルールの確認と認め合いをおこなう。グループ内でリーダーシップの発揮の仕方，フォロワーシップの発揮の仕方を教えていく

・学級目標やルールに沿った行動を，意識的に個別にほめたり，意識的にみんなの前で称賛するなどして強化する。行動に注目させ，その正当性をほかの児童生徒に解説する

②**不安のグルーピングを予防する**

・グループ活動のメンバーを定期的に入れ替えて，いろいろな人と最低限交流できるようにする。グループ活動の仕方のパターンをつくり，そのパターンに沿って活動させる

ここに注目！

| リーダーシップを発揮し始めた児童生徒の行動を積極的に支持し，学級にそれらの行動の正当性を定着させる

▎ほかの児童生徒に，望ましい行動をしている児童生徒の行動に注目させる。
　行動の正当性を解説する

　3，4人の小グループが乱立し，グループ間の対立も少なくなく，それらに入れない児童生徒が孤立傾向にあるなど，集団の成立が不十分な状態です。また，望ましい行動をとる児童生徒が少数派であるので，集団に一定の流れをつくるため，望ましい行動をとる児童生徒を学級集団の3分の1くらいまで増やします。

　そこで，教師は，児童生徒が抵抗なく取り組めるように，**説得的**にリーダーシップを発揮して，「なぜそのようなルールが必要なのか」「どうしてこのように行動しなければならないのか」を納得できるように詳しく説明し理解させたうえで，「さあやってみよう」と指示を出します。このような対応を学級全体に対して具体例を示して十分におこないます。

　並行して，不安感や抵抗感を抱いている児童生徒に対しては，グループに入っている，いないにかかわらず場面を捉えて個別に，全体で説明した理念を一貫させながら丁寧に対応します。

　自発性が伴わない行動であればすぐに消えてしまうので，根気よく説得し，自発的な行動を促していくことが必要です。

ここが分かれ目！

▎リーダーシップを発揮する児童生徒の正当性が，少なくとも3分の1の児童生徒から，個人の資質だけではなく，行動の正当性として認められるようになっているか

▎不安のグルーピングが予防され，みんなとかかわろうとする雰囲気が学級に広がっているか

▎「みんなでこうしていこう」と方向づける児童生徒，「みんなで一緒にやると楽しいよね」と言える児童生徒が公的なリーダーとして活躍しているか

中集団成立期

「リーダーシップを発揮する児童生徒がローテーションし始める」という状態をめざします。「(1) 核になる児童生徒のなかから新たな児童生徒が学級のリーダーとなり,その児童生徒の行動がモデルとなり,みんなで設定した行動がとれる児童生徒が学級の約3分の2に広がる」「(2)学級のリーダーとなる児童生徒がいろいろなグループから選ばれる」「(3) 一度リーダーを経験した児童生徒が,新たなリーダーに対して,能動的なフォロワーシップが発揮できるようになる」という状況を現出させるのです。

やること

①中集団で活動するとき,小集団同士で話し合い,活動の見通しを共有し,役割分担をして活動できるようにする
・学校行事への参加や学級全体のイベント活動を通して,中集団の活動の仕方,例えば段取りや役割相互の連携などを教える
・役割間の連携をさりげなくフォローする
・学校行事や学級全体のイベント活動後に,メンバー間の認め合いの場を設ける,活動の意義や学級の一体感を確認する取組みをおこなう

②学級の半数以上の児童生徒が学級目標や学級のルールに沿う行動を積極的にとるようになることと,いろいろな児童生徒が取組みに応じてリーダーシップを発揮することを促す
・小さな活動後にも必ず認め合いの場を設定し,児童生徒の自己効力感を育てていく

ここに注目!

▍小集団が開かれた状態になり中集団で連携できるような雰囲気を形成する
▍中集団での活動の仕方を理解させ,活動できるようにする

- 活動の内容に応じてリーダーが選ばれるようにする
- リーダーを経験した児童生徒を中心に，能動的にフォロワーシップを発揮する児童生徒が学級の5割くらいになるようにする。能動的なフォロワーシップを発揮する児童生徒が，評価される雰囲気を形成する

　学級集団での動きが多くの児童生徒に理解され，集団として動けるようになってきており，学級集団で活動するためのやり方を，児童生徒に主体的に体験学習させることが必要な段階です。

　そこで，教師は，「ああしなさい，こうしなさい」と上から指示を出すのではなく，**参加的**にリーダーシップを発揮します。児童生徒のなかに，『自分たちでやってみよう』という機運が育つように，児童生徒の自主的な雰囲気のなかに，教師が学級集団のいちメンバーのかたちで入ります。

　教師は一歩引いたかたちで活動に参加しながら，リーダーシップを発揮している児童生徒を水面下でしっかりサポートし，学級集団のまとまり，活動の推進を支えます。児童生徒が自信をもてるように，「自分たちでできた」という経験を積み上げさせます。

ここが分かれ目！

- リーダーとなる児童生徒が固定化せず，活動の内容に応じて選ばれているか
- 能動的なフォロワーシップを発揮する児童生徒が評価され，学級の5割くらいの児童生徒がそのような行動ができるか
- 学級の流れにのれない児童生徒や小グループに，適切に個別対応できているか
- 学級の状況を考えて行動できる児童生徒が公的なリーダーとして活躍しているか

全体集団成立期

「おとなしい児童生徒もリーダーシップを発揮する」という状態をめざします。「（1）活動内容にふさわしい児童生徒が学級のリーダーとなり，周りはその児童生徒の牽引車となり，その流れに反発する児童生徒と折り合いをつけながら，みんなで設定した行動がとれる児童生徒が全体に広がる」「（2）おとなしい児童生徒も学級のリーダーとなる」「（3）学級のリーダーに対して，ほかの児童生徒は自然と能動的なフォロワーシップが発揮できるようになる」という状況を現出させるのです。

やること

① その活動に応じた児童生徒が学級のリーダーとなること，すべての児童生徒がフォロワーシップの発揮の仕方を身につけること，みんなで設定した行動がとれる児童生徒が学級のほぼ全体に広がることを促す

② 児童生徒の認め合いが広がり，学級のほとんどの児童生徒が主体的に役割を果たしながら学級の活動に取り組むことを促す

・児童生徒が自分たちで活動できる枠組みを，事前に確認させてから取り組ませる

・一体感の高まった学級のなかで，性別や障害による差別，児童生徒の序列化など見えなくなっている問題を，学級会などで取り上げ，児童生徒が本音で語り合う場を設定する

ここに注目！

■ 全体の活動の仕方を理解させ，活動できるようにする。全体の活動を内容に応じた中集団に割り振り，中集団ごとに活動できるようにする

■ いろいろな児童生徒にリーダーとなる機会が回るようにする

■ ほとんどの児童生徒が，能動的にフォロワーシップを発揮する習慣を形成

する

　学級集団の機能が成立し，そのもとで児童生徒が自主的に動けるようになってきている段階です。

　そこで，教師は，児童生徒の自主性を育てるために，引き続き**参加的**なリーダーシップでかかわり，学級集団の状態をみながら，徐々に**委任的**にリーダーシップを発揮していきます。

　委任的なリーダーシップというのは，児童生徒が自分たちでできる内容は，思い切って児童生徒に任せて，教師は全体的，長期的な視点でサポートするというものです。この段階では，児童生徒だけでは対応できない問題に対しては，児童生徒の主体性を尊重するかたちで，アドバイスするようにかかわっていきます。

　教師が仕切ってしまえば早くできますが，それを抑えて児童生徒の自主性を育てるもので，任せるという名の放任とはまったく異なります。

ここが分かれ目！

- おとなしい児童生徒がリーダーとなったとき，ほかの児童生徒が能動的にフォロワーシップを発揮しているか
- 学級の流れにのれない児童生徒や小グループに，児童生徒が自分たちで話し合い一緒に活動できるようになっているか
- 学級全体のことを考えて行動できる児童生徒が公的なリーダーとして活躍しているか

コラム

「自治的集団」へ成長するきっかけになる，教師がおこなう，話し合い活動でのアドバイス

■アドバイスの方法

　「全体集団成立期」まで発達した学級集団において，児童生徒一人一人の自治の意識と能力を高めるには，教師は，学級の問題を話し合う活動に対して，児童生徒の主体性を尊重するかたちで指導するスタイルをとります。したがって児童生徒だけでは対応できない問題に対して，アドバイスするようにかかわることが基本になります。アドバイスは，おもに次の4つのやり方でおこないます。

　方法1：情報的援助をする
　　児童生徒が取組みや問題解決に方向性を見いだすことができるように，課題への取組みや問題解決に役立つ情報，示唆，アドバイス，指示を出すことです。

　方法2：評価的援助をする
　　児童生徒が，行動を確認したり，修正したり，発展させたりできるように，取組みの状況に対して，教師が手がかりとなるような評価を伝えることです（基準との比較を示す，現状の継続でよければ肯定する，取組みの支障となるポイントを個人的意見として示す）。

　方法3：選択肢を示す
　　取組みへの主体的な意識を強化するためには，児童生徒に「自分たちで決めた」というかたちをとらせていくことが大切です。児童生徒がかなり迷っている場合，教師が3つくらいの選択肢を提案し，児童生徒にそのなかから1つの方法を選択させます。

方法4：学級の意識されない問題を提起する

　学級集団が真に自治的集団になることをめざして，学級の現状に対して，教師が個人の意見として，問題提起をします。

■学級の意識されない問題を，みんなで話し合う

　学級の活動がある程度習慣化されると，一定の安定と平穏がある状態になりますが，徐々に「みんなで仲良くやることが大事なので，自分の個別の意見は出してはならない」という集団優位で個人の意見や考えを表明しにくい雰囲気が形成され，学級生活がどこか息苦しい状態になることがあります。また，「リーダーは男子がやるべきだ」「附属からきた生徒が中心になるべきだ」など差別につながるような考え方があっても，時間と共に，恩恵を受ける多数派の児童生徒が問題と感じなくなることがあります。そしてそれが次第に学級の前提となり，疑問を感じる少数派の児童生徒はますます言えない雰囲気になることがあります。以上のような問題をあいまいにしておくと，徐々にフランクに意見を言い合える土壌が蝕まれ，学級集団は徐々に退行します。いっぽうで，このような問題を，児童生徒が本音で議論することを通して，人間関係はより深まり，学級集団は真に自治的になっていきます。

　「全体集団成立期」の学級集団においては，上記のような状況に対して，教師は個人の意見として問題提起することが，学級集団が「自治的集団成立期」へ発達するためのきっかけになります。ただし，一定の安定と平穏のある状態をいったん揺さぶって立て直す力量がないと，教師はこのような問題に目をつぶらざるを得ません。この問題の前で立ち止まるか，みんなで乗り越えるかが，学級集団が「全体集団成立期」で留まるのか「自治的集団成立期」に進むのかの，分かれ目になります。

自治的集団成立期

「すべての児童生徒がリーダーシップを発揮する」という状態をめざします。「(1) 活動内容に応じて児童生徒は柔軟にグループを構成し、本音の話し合いを通して、みんなで設定した行動がとれるようになる」「(2) 児童生徒は自分の学級に愛着を感じ、学級と学級の一員であることに誇りを感じ、自ら学級に貢献できていることに喜びを見出して、自発的に行動している」「(3) 活動の必要に応じてリーダーシップ、フォロワーシップをそれぞれの児童生徒が柔軟に発揮している」という状況を現出させるのです。

やること

①教師は見守る姿勢を増やし、全体の場で意見や考えを表明して、学級内の問題や、みんなで取り組むべきことなどについて、みんなで考えるきっかけや視点を与える

・学級内の問題、みんなで取り組むべきことを、児童生徒が見出し、自分たちで話し合って問題解決できるようになっている
・特別な支援が必要な児童生徒にはほかの児童生徒がさりげなくサポートしている

ここに注目!

| 学級の様々な問題に対して、自他の感情に配慮しながら、児童生徒が本音で話し合う習慣を形成する
| 様々な考えや方法を提案して話し合い、学級がより高まっていけるような雰囲気を形成する
| 人権意識のもとに自他の能力差を認め合い、各自の特性を生かして学級にコミットしていく大事さを共有させる

集団生活や活動が惰性に流されたりすると、集団は「向上しよう」という

機運がなくなり,徐々に退行します。

したがって教師は,**委任的**にリーダーシップを発揮しながら,日々の生活や活動の仕方に変化をつけたり,イベントを提案したりします。また,活動の意味に対する自覚が薄れて意欲が低下しないように,児童生徒が当たり前と感じている行動や活動の意味を,「私はこう思う」というかたちで,じっくりと説明してあげる「意味づけ」をします。

さらに,学級にユーモアのあるコミュニケーションが増えるように,教師が率先して,ときに起点となるように,ユーモアを発揮します。なぜなら,児童生徒の自分らしいマイベストの取組みが主体的になされる集団とは,児童生徒がいつも気が張って必死に努力しているというイメージではなく,明るい雰囲気のなかで児童生徒が心の余裕と相手を楽しませてあげたいという心性に基づいて建設的に行動しているというイメージだからです。

ここが分かれ目!

- 学級の様々な問題に対して,適切な者がリーダーシップを発揮して,児童生徒で本音で話し合えるようになっているか
- 個人の目標と学級の目標に折り合いがつけられ,自分らしく生活,活動できるようになっているか
- 一人一人の感情を考えて行動できる児童生徒,自分の喜びだけでなく学級全体のために貢献する児童生徒が公的なリーダーとして活躍しているか
- 特別な支援が必要な児童生徒もほかの児童生徒にさりげなくサポートされながら公的なリーダーとして活躍しているか

❸ 児童生徒の人間関係の背景にある，教師の指導タイプ

● 学級のリーダー育成に苦戦する先生

　児童生徒の人間関係を建設的に方向づけることができず，良好な学級集団を形成できない先生には，学級集団づくり，学級のリーダー育成に，共通した傾向があることが明らかになっています。

　建設的な人間関係は，その人の心のよりどころとして情緒の安定に寄与するだけではなく，誰かとかかわり合うことを通して，他者と自分という視点が生まれ，他者から自分に対するフィードバック（評価，励まし，叱責，肯定など）を得て，自分というイメージが形成されます。

　青年期に入る時期からは，自分は何を大事にしたいのか，どのように生きていきたいのか，という実存的な問題を語り合えるような人間関係をもつことによって，自分に対するイメージが，自己概念としてかたちづくられていくのです。自分なりの価値観を形成するようになるわけです。

　つまり，人間が段階的に心理社会的な発達をしながら自己を確立していくためには，その発達段階に見合った，人間関係の体験学習が不可欠です。

　その際のポイントは，児童生徒の人間関係の相互作用のあり方であり，教師はそれをいかに建設的に導くことができるかです。

　人間関係の構築が苦手な現代の児童生徒に対しては，その実態に合わせた一定の方向づけを，教師が計画的かつ適切にしていかないと，学級に建設的な人間関係を形成することがむずかしくなってきました。教師は熱心に対応しているのに，児童生徒はシラっとしていたり，少人数でなれあうようになってしまうケースがあります。

　このように，良好な学級集団の形成がうまくいかない先生には，計画的かつ適切に対応する，という部分に不十分さがあると思います。

　Q-U を実施した，大量の学級集団のデータをもとに，先生方がおこなっている学級集団づくりの方法を整理しました。すると，学級集団が徐々に崩れ

ていく代表的なパターンがあることが分かりました。4，5，6月の段階の学級集団づくりに問題を抱え，その問題を一年間引きずるパターンです。そのような学級集団には，特有の人間関係が発生する傾向があります。そして，そのような学級の担任教師は，2つのタイプに分けられます。「学級がゆるみがちな先生」と「学級がかたくなりがちな先生」です。

● 学級がゆるみがちな先生

「学級がゆるみがちな先生」とは，援助性の傾向が強い先生です。このタイプの先生が担任する学級集団は，「ゆるみのみられる学級集団」になりやすいと考えられます。

担任する学級が，以下のような流れをたどりやすいと考えられます。

〈ゆるみのみられる学級集団に多い，荒れのパターン〉
①烏合の衆のようになって，全体としてまとまった活動ができない
②いくつかの小グループが乱立して対立し，学級に人間関係に伴うトラブルが絶えない
③非建設的な児童生徒の自己中心的な言動に振り回される
④反社会的な児童生徒が学級を牛耳ってしまう

● 学級がかたくなりがちな先生

「学級がかたくなりがちな先生」とは，指導性の傾向が強い先生です。このタイプの先生が担任する学級集団は，「かたさのみられる学級集団」になりやすいと考えられます。

担任する学級が，以下のような流れをたどりやすいと考えられます。

〈かたさのみられる学級集団に多い，荒れのパターン〉
①全体的に活気がなくなり，学級がシラっとしてしまう
②児童生徒間に序列のようなものが起こってくる
③先生の指示に従う一部の児童生徒と意欲の低下したその他多数という二極分化が起こる

④全体的に緊張感があり、学級が息苦しい雰囲気である。持ち物隠し・破損などの陰湿な問題が起こる
⑤反社会的な児童生徒が学級を牛耳ってしまう

● 教師の指導タイプを生かす考え方

　もちろん、極端に「学級がゆるみがちな先生」や極端に「学級がかたくなりがちな先生」というのは少なく、そのような傾向があるというレベルの先生がほとんどです。

　また、両方のタイプを部分的にもっている先生もいます。

　大事な点は、自分の意識していない行動や態度が、学級内の児童生徒の人間関係の形成に、大きな影響を与えているということです。

　自分では意識していなくても、自分のリーダーとしてのあり方や、リーダーシップのとり方の癖が、学級の児童生徒同士の人間関係の形成や、特定のタイプの児童生徒が学級リーダーになっていくことに、一定の影響を与えているのです。まずはそれを知り、そのうえで学級集団の発達段階に応じて適切に対応できれば、学級内の児童生徒の人間関係の形成を建設的に導くことができると思います。

　「学級がゆるみがちな先生」と「学級がかたくなりがちな先生」は、混沌・緊張期、小集団成立期の対応の不十分さは似ているのですが、補うべき方向性は逆になっていることが多いのです。

　「学級がゆるみがちな先生」はとくに混沌・緊張期、「学級がかたくなりがちな先生」はとくに小集団成立期に課題を抱えています。

　第3章と第4章でそれぞれ焦点化して、解説します。

コラム

活動前の緊張緩和に
エクササイズを実施するときのコツ

　緊張緩和のエクササイズとは，本活動の学び合いを円滑にするための準備運動のようなものです。いきなり「4人で協力して問題を解きなさい」と指示されたとき，大人でも易々とできるものではありません。ポイントを押さえて，本時の冒頭5分間ほどを使って，さらっとおこないます。

　本活動で滞りがちな部分に対応することがポイントです。「学級がゆるみがちな先生」の学級では，活動の途中で，児童生徒がルールを守れなくなりがちです。「学級がかたくなりがちな先生」の学級では，児童生徒同士の緊張感が，楽しさや自己開示を妨げがちです。

　また，この活動自体がだらだらと長引いてしまっては逆効果です。「学級がゆるみがちな先生」には，児童生徒に私語やルールを逸脱する隙を与えない活動がおすすめです。具体的には，2人組ででき，「じゃんけんに勝った人から交互に」「しゃべらない」などの簡単なルールを盛り込めて，淡々と進められる活動です。おすすめは，「質問じゃんけん」です。①2人組でじゃんけんをする，②勝った人は相手に一つだけ質問する，③負けた人は聞かれたことにだけ答える，のように展開します。

　「学級がかたくなりがちな先生」には，少しリラックスできる，児童生徒同士の緊張感をほぐす活動がおすすめです。具体的には，2～4人組でおこなう，軽い自己開示を伴う活動です。おすすめは，「さいころトーキング」です。①2～4人組でじゃんけんをする，②勝った人がさいころをふり，出た目の内容をグループのメンバーに2分くらいで話す，③話し終わったら，「以上です」と言い，メンバーは拍手をする，④時計まわり（反時計まわり）に進め，全員が話す，のように展開します。

第3章
学級がゆるみがちな先生の対策

1 実態

● "学級がゆるみがちな先生"にみられる共通点

「学級がゆるみがちな先生」とは，児童生徒一人一人の心情への対応を重んじ，穏やかに物事に対処していく，援助性の発揮が強い先生，というイメージです。

子どもが好きだから教員になった，優しく温和な方が多い傾向があります。

児童生徒との二者関係を楽しく形成したいと考える傾向があります。

児童生徒全体に対して大きな声をあげて叱ることが少なく，一人一人に諭すように話すことが多い傾向があります。

ノートに丁寧に返事を書くなど，児童生徒の心情に細やかな対応をする傾向があります。

児童生徒に強く目標を示して引っ張ることは少なく，児童生徒の言い分を聞く割合が多く，問題解決につながる提案や，学校として，教師として譲れない部分について，相手に強く主張することが少ない傾向があります。

したがって，自己主張的な児童生徒には「言いやすい先生」，自立的で活発な児童生徒には「少し物足りない先生」と感じられるかもしれません。

● "学級がゆるみがちな先生"の課題

　Q-Uを実施した，大量の学級集団のデータを解析すると，このタイプの先生は混沌・緊張期の課題達成に苦戦して，混沌・緊張期の課題をずっともち越し，学級集団の状態は1年間，「ゆるみのみられる学級集団」～「不安定な要素をもった／荒れのみられる学級集団」の間をいったりきたりするケースがとても多いのです。

　先生は児童生徒に働きかけ，日々の学級活動，運動会などの行事，儀式的行事に取り組ませるのですが，その都度，混沌・緊張期の課題に基づく問題の対応に悩まされます。

　発生した問題に個別対応を繰り返すだけでは，児童生徒の親和的・建設的な人間関係を形成し，学級集団を中集団成立期以上に発達させることがむずかしくなっています。

❷ 混沌・緊張期の対策

● 混沌・緊張期によくみられる状況

　自由な雰囲気で，児童生徒は明るく元気に活動しているようにみえますが，勝手な行動や発言をしてしまう児童生徒や，孤立気味の児童生徒がいて，しだいに人間関係のトラブルが授業や係活動などのほとんどの活動で発生します。

　そして，徐々に児童生徒の人間関係は緊張し，活動意欲と方向性がバラバラになり，学級はざわついた状態になります。そうなると，防衛として児童生徒は3，4人のグループで固まり，グループ間で対立します。

　不満をもつ児童生徒が増えるのに従って，学級の規律はますます悪化し，児童生徒の人間関係も険悪になります。授業も私語や手遊びが見られ低調になります。

● 状況の背景にある要因

　学級の一員であるという当事者意識をもたせることが不十分なのです。学

級という集団を意識できない面も多分にあります。

　このような状況は当事者意識の具現化である学級目標・ルールの確立が不十分になっているのと同義です。学級目標と規律の確立，行動の仕方の共有化が弱いので，それが児童生徒の人間関係に不安を喚起し，ほかの児童生徒とかかわる方法も共有化されていないので，バラバラの行動をとってしまうのです。

　このようななかでは，建設的な行動が周りから支持されないので定着せず，建設的な行動をする児童生徒も学級の核になりにくくなります。そして，先生がかかわりの場面を設定しても，抵抗としてあらわれ，先生の指示にもなかなか応じない状況が生まれてくるのだと思います。

● "学級がゆるみがちな先生"にすすめる対策

　混沌・緊張期では，児童生徒が相互にかかわり，集団生活や活動が一緒にできるように，一定の方向づけをしなければなりません。不安ながらも一緒に行動することで，不安が軽減され，人間関係が形成されていくのです。

　そのためには，教師が，ある程度の主導性を発揮することが必要です。「学級がゆるみがちな先生」は，主導性の発揮が不十分になりやすいのです。

　だから主導性を強く発揮しなさいと言うつもりはありません。

　強く主導性を発揮できない・しない部分を，「構成の工夫」で補いながらやっていくことを提案します。

　集団を意識させ，工夫された構成で活動を展開し，不安を軽減させる，確実にやり方を理解させ，みんなで活動したら楽しかった・充実したという体験を共有させることで，人間関係を形成していくきっかけをつくっていくのです。

　具体的なポイントは次の10点です（52～57ページ）。

表3 学級がゆるみがちな先生が直面しがちな,混沌・緊張期の状況

	混沌・緊張期
学級リーダー育成の目安 (詳しくはp.32)	《児童生徒の意識性が高まり,方法を共有している》 ①すべての児童生徒に学級集団を形成する当事者としての意識をもたせる ②不安のグルーピングを予防するために,教師や級友に対する緊張感を和らげる ③教師や級友とかかわるための知識や技術を教え,抵抗なく取り組める場面を設定して,実際にかかわらせる
よくみられる状況	・全体での活動にまとまりがなく,ざわざわした状態になっている ・児童生徒が学級の一員として相互に建設的にかかわることができない ・不安のグルーピング化が進行している ・少しぐらいの先生の働きかけがあっても,いろいろな児童生徒とかかわることをしない ・自己主張的な児童生徒が目立つ言動をするようになる ・かかわれない児童生徒が孤立している。勝手な行動をする ・自己主張しないが能力の高い児童生徒,「先生に好かれていない」と思った児童生徒に不満が高まり,勝手な行動をする
状況の背景にある要因	・学級の一員であるという当事者意識をもたせることが不十分なので,学級という集団を意識できていない(このような状況は当事者意識の具現化である学級目標・ルールの確立が不十分になっているのと同義) ・学級目標と規律の確立,行動の仕方の共有化が弱いので,それが児童生徒の人間関係に不安を喚起してしまう ・ほかの児童生徒とかかわる方法も共有化されていないので,バラバラの行動をとってしまう

①既成のプログラムをたたき台にして，スムーズに展開する

　児童生徒は何をどのようにするかが明確になっていると，安心して活動できるのです。

　さらに，教師もやる内容を明確にしておくと，余裕をもって取り組めます。

　学級開きからの3日間の学級指導のおもな内容，例えば，自己紹介（不安の軽減の取組みを含む），学級目標の設定，学級のルールの設定，係活動の役割分担，日常生活の進め方の確認などについて，**展開の雛形を調べ，自分用にアレンジしておき，それをたたき台にして，スムーズに進めます。**

　みんなで楽しめる，緊張を緩和するエクササイズも必要です。

　シンプルな展開のもの，予定時間の8割で終わる量のものを用意し，途中で話す教師の台詞も書き込んでおくとよいでしょう。

　さらに，児童生徒に書き込ませるプリントを用意しておきます。

②活動する目標，内容を書いたフリップを用いて滑らかに説明する

　もし全体の前で大きな声を出すことが苦手だったり，簡潔にインパクトのある話をすることに自信がないのなら，それを補うものとして，フリップを用意しておきます。

　フリップは絵などを入れ簡潔にまとめておき，当日はそれを見ながら話せば，説明も簡潔になって滑らかに進むようになると思います。

　活動中はフリップを黒板に張っておくと，児童生徒はそれを見て，活動の目標，先生の指示や説明を聞くので，必要なことが理解しやすくなります。

　フリップは繰り返し使い，慣れてくれば複数のバージョンを用意しておき，展開によってマッチするほうを使います。

　ベテランの先生でも実はこのような仕込みを地道にやっている方が多いのです。

③ 活動末の「振り返り」に必要なポイントを，事前に説明しておく

活動に取り組ませるにあたっては，活動末の「振り返り」の際に必要なポイントを，あらかじめ説明しておきます。

こうすることで，児童生徒は評価される行動が分かり，活動する方向が明確になっている状態で，安心して活動に取り組むことができます。

また，**振り返りの話し合いもバラバラにならず，短時間で集中できるようになります。**

これもフリップに書いておくといいでしょう。

④ ルールを確認する際，想定される逸脱行為を例に挙げて説明する

事前に機先を制するかたちで，児童生徒がしてしまいがちな非建設的な行動とその背景にある感情を「良くない例」として挙げて説明しておきます。

さらに，「そういう行動が見られたら，『○○』と静かに言ってあげよう」と，対処の行動も含めて確認しておきます。

例えば，グループの話し合いで意見の対立があった場合，「ば〜か，ちび」などと相手を非難する児童生徒がいます。このような言動があると，建設的な話し合いをしようという雰囲気が一気になくなってしまいます。

事前に，ルール違反の例に挙げ，その背景に自分の思いを強引に通そうと泣き叫ぶ駄々っ子と同じ感情があることをリアルに説明してあげるのです。

そのような行動があったら，「○○さん，落ち着いて，自分の意見を話してよ」と周りが言ってあげることを確認しておきます。

このやり方は，厳しくルールを確認する以上の効果があります。

この取組みも，フリップに書いておくと便利です。

⑤ 「引けないライン」をきちんと示して対応する

「学級がゆるみがちな先生」は，引けないラインがうやむやになっていたり，児童生徒の抵抗でズルズルと甘くなり，最終的になし崩しになることが多いのです。このようなことが何回か続くと，教師の言葉のもつ力はとても低下してしまいます。

このポイントはこのタイプの先生には絶対に外せません。

例えば，学級のルールでも，例えば「友達をバカにする言動は絶対に許さない」を示し，逸脱した場合には個別にきちんと指導することを徹底します。

「指導を徹底する」というのは，厳しく叱責することとイコールではなく，見逃さず，あいまいにせず，個別に時間をとって，不適切な意味を考えさせ，理解させ，今後どのように行動するのかを確認するところまでの対応を，確実におこなうということです。

単に相手に謝らせるだけでは意味がありません。このような対応を確実にあの先生はおこなう，ということも児童生徒にしっかり認識させるのです。

また，全体活動中に引けないラインを示すのは必要な対応です。全体への指示の途中で，感情的にやりたくないと抵抗を示す児童生徒がいたら，「まずやってみよう。最後に個別に話を聞くよ」と伝えまず行動を促すのです。

⑥ 簡単で楽しいエクササイズを繰り返し実施し，グループで活動するやり方を習得させる

混沌・緊張期の学級集団では，級友とのかかわり方や，グループ活動の進め方について，児童生徒にほとんど共通認識がありません。

楽しい雰囲気のなかで，ソーシャルスキルトレーニング（p.68）の要領で教えることができれば，スムーズに定着していきます。

10〜15分間くらいでできる短い活動がいいでしょう。

活動内容はやり方，かかわり方を2分くらいで説明できる，一度説明を聞いたらすぐに動けるような，ルールのシンプルなものがいいです。

グルーピングは抵抗の少ない2人組を2つ組み合わせるのです。

筆者は，サイコロトーキングを時期ごとにお題を変えて，年間を通して活用したことがあります。お題がそのときの児童生徒の興味にマッチしていれば，毎回盛り上がりました。

7 4人組を有機的に編成し，4人組の活動を積極的に活用する

学級目標やルールを理解させ行動につなげるには，4人くらいの少人数でかかわらせて，徹底することが早道です。

人は関係が薄いとき，いきなり感情交流はできません。まずは少人数の役割を通したかかわりからが楽なのです。

それに，少人数の活動は匿名性が発生しにくく，どんな学級でも一人一人にしっかりと活動させやすいのです。

4人組の活動とは係や生活班です。メンバーがなるべく重ならないようにして，4人組ごとに各自役割を割り当てて活動させます。

徹底したいのは，個人の役割を明確にして，メンバー全員が役割を果たせるように，メンバー全員がほかのメンバーから活動の内容が認められるように，場面設定をすることです。

8 水面下の個別対応をまめにおこなう

日頃から，朝の始業前や休み時間，放課後などのちょっとした時間に，キーになる児童生徒と個別に話して，教師との打ち解けた人間関係をつくります。

キーになる児童生徒とは，まず意識性の高い児童生徒です。その児童生徒の話をじっくり聞いて，「一緒にこういうクラスをつくっていこう」と共有

ができるといいのです。

次に，自分からは教師に話しかけないおとなしい児童生徒に，教師からあいさつをしたり，他愛もない話題で話しかけます。

こまめにしていくことが大事です。「先生は私にかかわろうとしている，見ていてくれる」と伝われば意識性が高まります。

なお，個別の配慮が必要な児童生徒との個別のかかわりは不可欠ですが，「学級がゆるみがちな先生」にあえて強調したいのは，配慮が必要な児童生徒の対応に追われて学級集団の育成という視点を忘れたり，前述の児童生徒への対応をおざなりにしてはならないということです。

⑨ パターンの行動を入れて，活動にメリハリとリズムをつくる

活動の節目に全員がお決まりの動きをしていると，意識性の低い児童生徒も気がついて行動します。

また，取組みが単調になるのを防ぎます。

必ず実施することで，学級に一定の流れが生まれてきます。

そこで，授業や活動の際に，最初と最後のあいさつは起立しておこなう，班での活動では，「よろしくお願いします」で始め，「ありがとうございました」で終わる，また，授業の真ん中に必ず学習班でのディスカッションタイムを取り入れるなど，パターンの行動をうまく取り入れます。

⑩ 時間を意識して活動させる

最初に「何を」「どのくらいの時間」で取り組むかを伝えてから活動させると，児童生徒の集中力が高まります。

「『班での話し合い』を『10分間で』やります」という具合です。

最後も合図することにより，児童生徒の活動にリズムが生まれ，かかわり

合いがスムーズに展開します。

　終了時間が近づいたら,「あと2分です。まとめてください」と声をかけ,その後,「はい時間です。活動している班もいったん終わりにしましょう」と指示を出します。

　抵抗や躊躇する暇を与えず,まず活動の流れにのせていくのです。

　以上の10のポイントを試してください。

　大事なことは,簡潔にきちんと活動の説明をして不安を軽減したら,リズムよく活動に参加させることです。

　児童生徒は若干の不安をもちながらも,級友とかかわり,集中していくと徐々に不安が減っていくものです。このような活動が何回かできると,児童生徒は休み時間もほかの級友とも自らかかわるようになっていきます。

　問題なのは,活動する前にもたもたすること,それが尾を引き,活動もだらだらすることです。

　こういうことが続くと,児童生徒も楽しくないですから,活動にますます集中できず,徐々に学級の人間関係も不安定なものになっていきます。

❸ 小集団成立期の対策

● 小集団成立期によくみられる"悪い場合"の状況

　この先生の学級では，ルールの定着，期待される行動の共有化の弱さが見られ，人間関係に伴うトラブルが減りません。また，児童生徒の活動意欲と方向性がまだ拡散気味なので，学級は日常的にざわついています。

　そのため，児童生徒は，「家が近い」「前のとき同じクラスだった」という近接性か，「サッカーが好き」などの類似性のある者同士で，3，4人の小グループを形成して，不安を防衛しています。

　学級のざわつきが大きければ大きいほど，小グループのメンバーたちはどんどん周りとのかかわりを遠ざけ，グループ内の交流だけで閉じた状態になります。学級全体の活動よりも小グループの利益が優先されるようになっていき，小グループ間の対立も起こるようになっていきます。

　学級集団の規律は全体に確立されず，授業や活動も私語やゆるみが見られ，低調になっています。

● 状況の背景にある要因

　混沌・緊張期での対応が不十分で，時間の経過と共に，学級の一員であるという当事者意識はより低くなって定着します。

　小グループのメンバーたちとの同調行動が目立つようになり，学級目標と規律の確立，行動の仕方の共有化はますます低調になります。

　このような学級の状況は，児童生徒の人間関係の形成に大きな不安をもたらし，ほかのグループの児童生徒にそっけない態度をとる，陰口を言う，攻撃的になるなどの防衛的・非建設的な行動で対処し，それがさらに人間関係のトラブルを発生させるという悪循環になっています。教師が集団での活動を促しても，感情的な抵抗が大きく，なかなか建設的に活動できない状況が生まれてくるのだと思います。

● "学級がゆるみがちな先生"にすすめる対策

時間と共に，学級のルールに沿った行動や係活動での責任感ある行動をしなくてもなんとかなる，という意識が学級の児童生徒に広がってきているのが問題です。「この先生は厳しく指導しない」と，ある意味タカをくくり，ある意味甘えているので，先生が理屈を言って指示しても，自分の感情を盾に抵抗し，なかなか建設的に行動できないのです。

　この段階で，もっと厳しく指導をしなさいと言うつもりはありません。そのような対応が必要なのは，混沌・緊張期でした。この段階で急に先生が対応を変えて厳しさを前面に出すと，一時的に学級は落ち着くかもしれませんが，結局，先生への不信感が高まり，児童生徒相互の人間関係もよりバラバラになります。

　この段階では正攻法をとるしかありません。児童生徒の感情を聴き，そのうえで建設的な行動を示してある程度納得させ，行動させる。そして，いろいろな児童生徒とかかわる楽しさ，集団活動の意義を実感させることを積み重ね，学級の一員という当事者意識を育て，学級の規律を確立していきます。

　いきなり厳しく管理して押し切るのは危機的状況のときの介入方法であり，そういう方法をとるならば初めからそのような対策をとっていったほうが，より効率的です。

　一方的に厳しく管理するのではなく，先生が指示をするうえで引けないラインをきちんと示し守っていくこと，全体でおこなう対応と個別でおこなう対応を識別し，全体活動が個別の意見で振り回されないように展開を工夫していくことを徹底していくのです。

　具体的なポイントは次の10点です（61～67ページ）。

表4 学級がゆるみがちな先生が直面しがちな,小集団成立期の状況

小集団成立期	
学級リーダー育成の目安 (詳しくはp.34)	《コアメンバーを形成している》 ①学級の3分の1の児童生徒に,学級目標や学級のルールに沿う建設的な行動が定着するように,モデルとなる行動をしているグループでも中心的な児童生徒を,学級のリーダーとする ②不安のグルーピングを予防する
よくみられる状況	・全体での活動にまとまりがなく,ざわざわした状態が続いている ・いつも一緒にいる3,4人の小グループが複数できている ・グループ内の児童生徒と外の児童生徒とでは,かかわり方に大きな開きがある。グループ外の児童生徒は関係ないという態度をとる ・いろいろな児童生徒で構成された係活動や生活班の活動は,協力がいまひとつで,低調になっている ・自己主張的な小グループの児童生徒が目立つ言動をし,学級全体の雰囲気をリードするようになる。建設的な行動をしようとしている児童生徒が,それを率直に言いにくい雰囲気がある ・小グループに入れず,孤立気味の児童生徒の不適応感が高まっている ・小グループ間の対立が日常的に起こっている ・先生が働きかけても,ほかのグループの児童生徒とのかかわりはぎこちない
状況の背景にある要因	・混沌・緊張期での対応が不十分なので,時間の経過と共に,学級の一員であるという当事者意識はより低くなって定着してしまう ・小グループのメンバーとの同調行動を頻繁にとるので,学級目標と規律の確立,行動の仕方の共有化はますます低調になってしまう

①学級で何かを決定する際は,システム的におこなう

児童生徒の全体の話し合いには,(A)「解決を必要とする」話し合いと,(B)学級で生じている様々な問題点を全員で共通認識するための対話を中心とした「解決を必要としない」話し合いがあります。

「学級がゆるみがちな先生」の学級では,(A)の話し合いが効率よくできず,決定事項もあいまいになりがちです。

この弱点を補うために,(A)の話し合いは,以下の①〜⑥の流れのように,最初に決まりをつくってから実行させるようにします。

①(B)の話し合いを班でさせる
②話し合いをもとに個人の意見があれば紙に書かせて提出させる
③教師が紙に書かれた意見をもとに選択肢を用意する
④選択肢になった意見の理由をそれぞれ主張する児童生徒に言わせる
⑤無記名の投票をする
⑥決まった結果には最低1か月間取り組む

もちろん,紙に書いて提出されていない意見は取り上げない,などの確認も最初にしておきます。

事前の手続きが必要ですが,結果的に活動がスムーズになり,この手続きによって学級内に建設的な世論を形成することにもつながります。

教師もみんなで決めたことだからと,実行を促しやすくなります。

一部の児童生徒の自己中心的な意見に振り回されることを予防できます。

②活動の全体像や行動モデルを前もって具体的に提示しておく

「学級がゆるみがちな先生」の学級では,児童生徒がどう動いたらいいのか,ほかの児童生徒とどのようにかかわっていけばいいのか,の具体的なモデルを示してあげることがとても必要です。それがないと,すぐにざわざわと勝

手な行動が広がってしまう傾向があります。

　そこで，活動の目標のイメージを共有させ，そこにいくための各段階の取組みをそれぞれ共有させてから活動させる，というパターンをとるのです。

　まず，目標の共有には，「去年の○年生はこの活動をこのようにやっていました」と，ビデオを見せるといいです。活動の全体イメージがつかみやすく，どのようにメンバーとかかわっていけばよいかが理解しやすいからです。

　次に，プロセスの共有にも，ビデオを見せると，とても効率的です。

　ビデオがない場合は，資料などを示しながら，具体的に説明していきます。

　実際に活動させる際には，活動内容を小分けにして，短い期間で区切って，「まずはここまで」という具合にスモールステップで進めます。目標を定めてリズミカルに展開するのです。

③ 活動は精選して取り組ませる

　活動は，スムーズにいけば100％できる量の80％くらいを目安に準備するのがいいのです。

　盛り込みすぎると児童生徒も消化不良になり，教師も焦ります。かたちだけ終わらせた，できる児童生徒だけが終わった，中途半端で終わった，という最悪の結果になってしまいます。

　慌ただしい活動では児童生徒の人間関係も深まりませんし，教師の指導性にも不信感をもたれてしまいます。

④ きちんとやりきった経験を積み重ねる

　フェードアウトするように中途半端で終わった活動の後は，参加したメンバー同士は気まずいものです。ついつい不満を相手に向けがちになります。人間関係もギクシャクしてきます。

このような展開は避けたいものです。混沌・緊張期のポイントを参考に，準備と展開には万全を期したいものです。①やや不安だけれど先生の促しでグループ活動をする→②活動したら意外と楽しかった→③「一緒だったメンバーともっと活動したい」と思う→④「ほかの級友ともかかわってみたい」と思う，という流れをつくりたいのです。

　中途半端で終わりそうになったら，思い切って10分前で活動をいったん終了させ，次回いつやるかを宣言し，時間が少ないので次回は何に絞って活動すればいいかを話し合わせます。

　それを班ごとに確認し，最後にもう一度次回の予定を発表し，「ありがとうございました」で終わります。

　活動は中だるみがあっても，最初と最後がきちんと締まると，ある程度できたという印象を人に与えます。

　くれぐれも，授業時間を延長してかたちだけで終わらせることは避けたいものです。「つまらない活動をして休み時間もつぶれた」という印象を，児童生徒にもたれるのは最悪です。

⑤ 全体対応と個別対応を識別して，展開する

　個別対応は，（A）全体から切り離して個別に対応するやり方と，（B）全体のなかで対応するやり方があり，状況に応じて使い分けます。

　例えば，全体に説明しているときに，一部の児童生徒が「やりたくない」などと大きな声を出して説明を妨げ，その児童生徒への個別対応を全体のなかでする場合があります。

　すぐに解決すればいいのですが，5分間以上もその対応がズルズルと続いてしまうと，学級の雰囲気がざわざわしたものになり，児童生徒の人間関係もギクシャクしてきます。

　このような場合は，「太郎君，君の話は次の休み時間にじっくり聞くので，

まずはできるところに取り組んでください」と個別対応を切り上げ，全体の活動を進めます。（A）の展開をとるのです。

一斉活動では，全体の流れをしっかりつくることが必要なのです。

全体のきちんとした流れができ，児童生徒が自主的に活動したり，かかわったりできているときは，机間指導のなかで個別対応もできるものです。

⑥ 余った時間の展開の仕方，埋め草の話，ゲームを用意しておく

「学級がゆるみがちな先生」は，なぜか一つの活動に多くのことを盛り込みたくなるのです。なぜでしょうか？

たぶん，時間が余ってしまったらどうしていいか分からないために，余白の時間ができるのが怖いからだと思います。その結果，一つの時間にたくさん盛り込み，活動が慌ただしくなってしまうのです。

事前に決めておいて，用意しておけば，焦らなくなります。

大事なのは，児童生徒が退屈する時間をつくらないことです。

5分間余ったら，本時のポイントを簡潔に確認する，10分間弱余ったら，とくにがんばった児童生徒，良かった点を何人かの児童生徒に発表させるなど，事前に決めておくのです。

さらに，10分間以上余ったら，事前に用意しておいた持ちネタ，例えば，その単元の内容のこぼれ話，教師が子どものころの失敗談などを話してあげるのです。または，隣の席の児童生徒同士で，ちょっとした学習ゲームをやらせるのもよいでしょう。

⑦ 認める言葉がけで自信をもたせる

大事なのは，一部の建設的な行動を全体に広げていくことです。

学級の目標やルールに沿って行動している児童生徒が学級の主流ではない

ときに，できていない児童生徒を注意しているときりがありません。全体の展開では逆効果です。

望ましい行動をする児童生徒がまだ学級のごく一部しかいないときには，学級の目標やルールに沿って行動している児童生徒には，「花子さん，ちゃんとチャイム着席ができていますね」と**その行動を認める**言葉がけをして，**そのような行動が繰り返されるように強化する**のです。

周りの児童生徒もその様子を見て，少しずつモデルを学習していきます。

やがて，望ましい行動をする児童生徒の人数が学級の３割に近づいたら，そのような行動を全体のなかで取り上げて認めることで，児童生徒のモデル学習は効果的になります。

ただし，望ましい行動をする児童生徒がまだ学級のごく一部にしかいないときにこれをすると，「花子さんは先生のお気に入り」などと，変な状況が生まれることもありますから注意が必要です。

この段階では，注意が必要な児童生徒の行動には，個別に，「あれ，学級のルールを忘れたかな？」と事務的に指摘し，教示的に確認し，次からルールに沿って行動することを促します。あいまいにせず，穏やかに，繰り返し，説明していきます。

❽ 役割として，リーダーシップ，フォロワーシップのとり方を体験させていく

進んでリーダーシップをとる児童生徒は少なくなりました。

このタイプの先生の学級ではその傾向が顕著です。理由は，（A）周りが協力的ではなく多くの仕事をやらされることになる，（B）批判される，からです。（A）と（B）に対処していかなければいけません。

グループのメンバーが協力して一つの活動を完了させる体験を積み重ねていき，**リーダーシップの発揮の仕方とフォロワーシップの発揮の仕方を体験**

学習させていくのです。

　役割はローテーションさせていき，すべての役割の大事さを実感させていくことで，協力する必要性も理解させていくのです。

　活動を通して，自発的にリーダーシップやフォロワーシップがとれる児童生徒を，地道に育成していくのです。

　そのためには，教師が活動の準備を念入りにやっておくことが必要です。

　まず，一つの活動をするにあたって，仕事量がほぼ均等になるように，役割を設定します。

　次に，各役割は，仕事の内容と責任の範囲を，全員の前で明確にします。

　例えば，4人の班でディスカッションする場合は，進行係，記録係，発表係2（板書する役割と説明する役割）という具合にして，**進行係にリーダーシップ行動の内容を役割として含めていくのです。ほかの係にはフォロワーシップ行動の内容を役割として含めていくのです。**

⑨ 役割活動に感情の分かち合いを盛り込んでいく

　役割交流は，ちょっとした感情交流が付加されると，よりスムーズに協力的に展開し，児童生徒の人間関係も深まります。

　活動の節目に時間をとって，①自分でやってみて苦労したこと，②がんばっているなと感じたメンバーの行動，について，一人あたり2，3分ずつ順番に話し合わせます。

　「私は〜と感じました」「私は〜と思いました」という具合に，アイメッセージのかたちで話させます。

　目的は評価ではないのです。

　自分の考えや思いを相手に納得させるものでもありません。

　自分はこう感じたということを表明し合うことによって，お互いの感情を分かち合うのです。この積み重ねが，感情交流につながっていくのです。

⑩ 節目節目で，改まった場面を設定して，先生が自己開示的に自分の考えを述べる

　児童生徒は教師の普段のイメージとは違った一面にふれることで，人を捉える視点が広がっていくと思います。
　このような教師の姿勢がモデルになり，学級の児童生徒の人間関係のつくり方も広がりと深まりが増してくると思います。
　そこで，上述したような「感情の分かち合い」を，活動の節目などに，少し改まった場面を設定し，教師が児童生徒全体の前でおこないます。
　例えば，「普段はちょっと騒がしいけど，地域交流会では，敬老会の人たちをやさしく気づかっているのを見て，私はこのクラスのみんながより好きになりました」という具合に，小さな出来事，地味な児童生徒をさりげなく取り上げ，そこに教師の感情を付加して淡々と語ります。

　以上の10のポイントを試してください。
　「学級がゆるみがちな先生」は，混沌・緊張期の課題を抱え，小集団成立期にそれが悪い方向に定着することが多いのです。
　「強い管理的な指導をせず，優しく個別配慮ができる」という持ち味を生かすためには，**学級全体の活動や児童生徒がかかわり合う場面をどのように設定するか，取組み中に方向が拡散しないようにいかに事前の準備をするかが**，ポイントになると思います。
　事前の準備が不十分で，発生した問題に個別対応を繰り返す展開を続けていては，児童生徒の親和的で建設的な人間関係を形成することや，学級集団のまとまりを育成することはむずかしいと思います。準備すべき具体的な方法を熟知し，確実にできるようにしていくことが求められます。

コラム

学級でおこなうソーシャルスキルトレーニング

■学級生活で必要とされるソーシャルスキル

　思いやりのない言葉で相手を傷つけてしまう，当たり前だと思われていた価値観が通用しないなど，最近多く見られる児童生徒の問題の背景として，幼少期に，対人関係のもち方，集団生活の参加の仕方を，家庭や地域の生活のなかで身につける機会が減少してしまったことがあげられます。

　人とかかわったり，社会や集団に参加して協同生活するための知識と技術を総称して「ソーシャルスキル（social skills）」といいます。

　私は，学級集団の状態がよい場合，児童生徒の学級生活の満足度が高い場合に，その学級集団のなかで児童生徒が使用しているソーシャルスキルはどのようなものかを調べ，それらを「学級生活で必要とされるソーシャルスキル（Classroom Social Skills：CSS）」として体系化しました。

　CSSを一人一人の児童生徒が無理なく身につけ，気がついたらCSSが学級のなかに自然に定着していたという状態に至れば，あたたかいなかにも規律があり，児童生徒同士が活発にかかわり学び合う学級集団がつくられることでしょう。このようにして確実に身についたCSSは，児童生徒が将来社会に生きていく力の基礎になるはずです。

＜学級集団の各段階で育てたいスキルのイメージ＞
混沌・緊張期……友人とかかわる際の基本的なスキル
小集団成立期……集団参加する際の基本的なスキル
中集団成立期……友人とかかわる，集団に参加する能動的なスキル

■ソーシャルスキルトレーニングの流れ

　児童生徒のソーシャルスキルトレーニング(Social Skills Training：SST)は，学級全体にスキルを定着させるにはみんなで一斉に，特定の児童生徒の援助を目的とする場合には個別におこないます。

　SSTは，多くの場合，下記の骨組みをもった一連の活動です。

＜ソーシャルスキルトレーニングの骨組み＞
①教示：学習すべきスキルを特定したうえで，スキルとそれを訓練する意義を理解させること
　　→児童生徒の意欲「なるほど，やってみたいな」
②モデリング：良いモデルや悪いモデルを見せ，スキルの意味や訓練の進め方を理解させること
　　→児童生徒の意欲「やれそうだな」
③ロールプレイ：特定のスキルについて，仮想場面を設定して言い方や態度を練習させること
　　→児童生徒の意欲「なんとかできるな」
④強化：練習中に適切な行動ができた場合などに，ほめたり，ほほえんだり，注目したりして，子どもがその行動をとる意欲を高めること
　　→児童生徒の意欲「これからもすすんでやっていこう」

　CSSのトレーニングは，日常の学級生活のなかで定着・活用され，児童生徒同士のコミュニケーションを向上させるのが目的です。帰りの学級活動などのちょっとした時間，学級生活にかかわる機会をとらえて，意識して教師が働きかけることが大事です。

第4章
学級がかたくなりがちな先生の対策

1 実態

● "学級がかたくなりがちな先生"にみられる共通点

「学級がかたくなりがちな先生」とは，規律，集団活動での協調性を重んじ，意欲的に物事をテキパキと進めていく，指導性の発揮が強い先生，というイメージです。

学習や生活でやるべきこと，努力すべき内容を明確にして，児童生徒全員にけじめをもって学校生活を送ることを，自らも先頭に立って求める傾向があります。

能力が高く先生の期待に応えられる児童生徒にはマッチしていると思いますが，努力が足りないと感じられてしまう児童生徒，生活態度や活動がルーズな児童生徒，みんなと同じように行動することが苦手な児童生徒には厳しい先生と受け取られるかもしれません。

● "学級がかたくなりがちな先生"の課題

Q-Uを実施した，大量の学級集団のデータを解析すると，このタイプの先生は混沌・緊張期〜小集団成立期の課題達成が不十分になっています。そして，それに気づかず，どんどん活動を展開してしまい，全体での活動もある

程度展開できる（教師は中集団成立期か全体集団成立期と思っている）頃から，なぜか活気がない，児童生徒は言われたことしかしない，一部の反発する児童生徒の対応に苦慮する，というかたちで問題が発生し，学級集団が発達しないばかりか，退行します。つまり，小集団成立期の課題をずっともち越し，学級集団の状態は１年間，「かたさのみられる学級集団」～「不安的な要素をもった／荒れのみられる学級集団」の間をいったりきたりするケースが多いのです。

　先生は児童生徒に働きかけ，日々の学級活動，運動会などの行事，儀式的行事に取り組ませるのですが，その都度，小集団成立期の課題に基づく問題の対応に悩まされ，学級集団を小集団成立期以上に発達させることがむずかしくなっています。

❷ 混沌・緊張期の対策

● 混沌・緊張期によくみられる状況

　先生の強い主導性により，児童生徒は当初から静かに授業や活動に取り組みますが，先生の評価（とくに叱責されること）を気にして，積極的に発言するのは，勉強のできる児童生徒やリーダー的なみんなから一目置かれている児童生徒に偏っています。大多数の児童生徒は「やらされ感」が強く，次第に欲求不満が募り，徐々に私語や手遊びなどをする児童生徒が出て，児童生徒の意欲や学級内の存在感に差が生じます。

　グループ活動は，能力の高い児童生徒がリーダーシップを発揮して，ピラミッド構造で動きます。児童生徒の人間関係にも距離があり，ギクシャクして，シラッとした活気のない雰囲気が漂います。

　学級で活動するとき，最初の頃は容易にまとまりますが，隠れた不十分な点への対応をスルーして何も手を打たないと，次第に学級集団は崩れ始めるか，管理的な状態のまま経過していき，児童生徒の学び合いはとても低い水準になってしまいます。

● 状況の背景にある要因

　児童生徒の緊張感を和らげることもなく，人間関係を形成したい思いを喚起する取組みも少ないまま，緊張感が高い状況で教師が指示をして動かすと，児童生徒は指示されたことに受動的に動くと思います。

　教師の指示の強さに対して，児童生徒個人の思いや考えの吸い上げが少なかったり，自由に表出する場面が少ないと，教師の主導性が教示的というよりも権力的と児童生徒に受け取られてしまうことがあります。

　能力の高い児童生徒は理解し活動できるのですが，大多数の児童生徒はついていくのが精いっぱいで，「やらされ感」が生じて受身的になります。

　結果的に，学級の一員であるという当事者意識を十分にもたせることができません。

　当事者意識のもち方には児童生徒によってバラつきがあり，しだいに階層化し，全体の水準をさらに下げるという悪循環をもたらします。

● "学級がかたくなりがちな先生"にすすめる対策

　先生にしてみれば，「意欲が乏しい，活気がない」と歯がゆく感じて発破をかけてしまうのですが，これは逆効果で，笛吹けど踊らずという状況が生まれてしまうのです。

　だから主導性の発揮を弱めなさいと言うつもりはありません。

　強い主導性のプラス面を，「個別対応の工夫」でより効果的に展開することを提案します。

　全体で活動する際に，工夫された個別対応を盛り込み，不安を軽減させる，やってみたいという意欲を喚起し，「みんなで活動したら楽しかった，充実した」という体験を共有させることで，人間関係を形成していくきっかけをつくっていくのです。

　具体的なポイントは次の10点です（74～79ページ）。

表5 学級がかたくなりがちな先生が直面しがちな,混沌・緊張期の状況

	混沌・緊張期
学級リーダー育成の目安 (詳しくはp.32)	《児童生徒の意識性が高まり,方法を共有している》 ①すべての児童生徒に学級集団を形成する当事者としての意識をもたせる ②不安のグルーピングを予防するために,教師や級友に対する緊張感を和らげる ③教師や級友とかかわるための知識や技術を教え,抵抗なく取り組める場面を設定して,実際にかかわらせる
よくみられる状況	・学級,児童生徒間の人間関係に一定以上の緊張感がある ・「先生の指示に従わなければならない」という意識がある ・児童生徒はやらされ感のなかで相互にかかわっている ・能力が高く先生に評価されている児童生徒がリーダーとなる ・相対的に能力の低い児童生徒が低い評価を受け,意欲が低下している ・先生に評価されない反社会的傾向のある児童生徒が不満を抱え,非建設的な行動をするようになる ・能力別のグルーピング化が進行している
状況の背景にある要因	・児童生徒は緊張のため率直にかかわり合えず人間関係に距離をとっているので,全体的にシラっとした雰囲気に見えてしまう ・児童生徒の緊張感を和らげ,人間関係を形成したいという思いを喚起する取組みが少ないなかで,教師が指示をして動かすので,児童生徒は指示されたことに受動的に動かざるをえない ・指示の強さに対して,児童生徒個人の思いや考えの吸い上げが少なかったり,自由に表出する場面が少ないので,教師の主導性が教示的というよりも権力的と児童生徒に受け取られてしまう ・能力の高い児童生徒は理解し活動できるが,大多数の児童生徒はついていくのが精いっぱいで「やらされ感」が生じ受身的になっている。結果的に,学級に対する当事者意識を十分にもたせることができず,当事者意識のもち方にも児童生徒間にバラつきがあり階層化し,全体の水準をさらに下げるという悪循環をもたらしてしまう

① 活動させる前に，やり方の説明だけではなく，児童生徒に「やってみたい」と思えるように説明をする

「学級がかたくなりがちな先生」は，みんなで決めた学級の目標やルールに基づいた活動を設定し説明したときに，「先生にやらなければならないことを押しつけられた」と，能力の高い一部を除いた多くの児童生徒に受け取られることがあります。

理由として，多くの児童生徒が，活動の意義やおもしろさをまだ実感できていない状態で，強く行動化を促している可能性が考えられます。

したがって，**活動の意義やおもしろさを実感させる説明を，確実におこなうことが必要です**。児童生徒にやることを理解させるレベルではなく，教師の話を聞いて「自分もやってみたい」と共感させるレベルが求められます。

児童生徒に「やってみたい」という意欲を喚起するためには，「学校のきまりだから」とか「やるべきことだから」という通り一遍の説明だけではだめです。

教師のいままでの経験から，こういうふうに活動に取り組んで感動した・充実した，逆に，〜をしなかった後悔がずっと残っている，と例を示し，そのときの感情も開示しながら伝えることが大事です。①わかりやすい言葉で，②内容に引き込まれるようにして，伝えることが必要です。身振り手振りは言うに及ばず，具体物やビデオを見せたりするのもいいでしょう。

② 活動をさせるときには必ずウォーミングアップと振り返りを盛り込んで展開する

スポーツと同様に，いきなり活動に臨んでも力は発揮できません。必ず準備体操をし，最後に整理体操をするのです。「学級がかたくなりがちな先生」こそ徹底してほしい点です。

準備体操に相当するのは，緊張をほぐし行動を促す５分間くらいでできる取組みです。この流れから本活動に移っていくと，やらされ感が減ります。
　これから一緒に活動するメンバーと馴染めるように，①簡単な活動内容で，②全員に順番が回ってくる，という取組みを実施します。緊張をほぐすエクササイズを４つほど定番で使用するのが一般的です。
　整理体操に相当するのは，グループのメンバー個々の活動が周りから認められる取組みです。各自の活動を認めることで，活動意欲を強化します。
　①雛形に沿って，②全員に順番が回ってくる取組みで，５分間くらいで終わるものです。
　ふだん目立たない児童生徒も認められる場になることが大事です。
　活動結果よりも活動しているプロセスに注目させるようにします。
　教師も各グループを回って，地道に活動していた児童生徒の行動を認めるかたちで指摘してあげるといいでしょう。

③ ４人組の活動を，一人一人の役割を明確にして展開する

　すべての児童生徒に一定の役割行動をさせることが大事なのです。
　「学級がかたくなりがちな先生」に留意してほしいのは，個々の児童生徒の役割を明確にして取り組ませることです。**この点をあいまいにして活動させると，能力の高い児童生徒が仕切り，ほかの児童生徒がそれに従うという流れになりやすいのです。**
　４人組の活動は，定期的にその役割をローテーションします。みんなが一定の役割ができることのきっかけになります。

④ ときどき教師個人の話や思いを淡々と語ってあげる

　児童生徒は，教師との関係を，縦の関係だけではなく，横の関係の存在と

しても感じられると，そこに親しみが湧いてくるのです。

　逆に，「いつも教師面ばかりしている」と受け取られると，児童生徒は教師との心理的距離を縮めようとしません。そして，「いつも評価されている感じ，管理的なイメージ」につながってしまうのです。

　そこで，少し時間があるときなどに，教師の個人的な思い出などを感情も含めて淡々と話してあげるのです。

　失敗談などがいいでしょう。自慢話は NG です。

　また，教訓めいた話よりも，辛かったとき自分はこんな思いだったと，率直に自己開示することが，かえって児童生徒の心にしみると思います。

　こんなことをすると児童生徒から軽んじられると考える方もいるかと思いますが，それは違います。

　「権力」と「権威」の違いです。

　「権力」とは役割に付随した他者を従わせる力です。

　「権威」は人間性に付随し他者が自ら従いたくなる魅力です。

　「学級がかたくなりがちな先生」には，「権力」で児童生徒を指導していると思われてしまう傾向があります。

　「寂しい思いや辛い経験もした先生が，みんなを強くリードしている」と思ってもらえれば，児童生徒の先生像は，「権力」をもつ人から，その「権威」に自ら従いたくなる人に変わっていくと思います。

⑤ 教師が笑ったり，「すごいねー」などの感情表現を意識的に発する

　感情の表出をすることは，その人が自分の思いを開示したと相手に伝わり，これが先生に親しみを感じさせるきっかけになります。

　先生に対する防衛を解いて，自分の思いを表出することにつながり，児童生徒同士の人間関係の形成にも広がることが期待されます。

重い空気の学級は，だいたい先生がいつもしかめっ面をしていることが多いのです。

まず，先生から児童生徒にモデルを示すのだというノリで，意識的に取り組んでみるのがいいでしょう。

「ときどき教師個人の話や思いを淡々と語ってあげる」（p.75）と一緒に活用すると効果を発揮します。

⑥ 水面下の個別対応をまめにおこなう

「"学級がゆるみがちな先生"にすすめる対策」の８（p.55）で取り上げましたが，このタイプの先生がさらに留意すべきなのは，自分からは先生に話しかけてこない，おとなしい，能力的に平均以下レベルの児童生徒に対して，認める言葉がけを増やすことです。

ほめるのではなく，「いつもノートがきれいだね」「掃除が丁寧だね」という，当たり前のことをしっかりやれていることを言葉にして伝えるのです。

「先生はそういう地道な行動をしっかり見ているよ」と暗黙のメッセージを送るのです。それが児童生徒の意欲を強化していきます。

⑦ ワンパターンにならないように，活動に緩急を取り入れる

授業や活動は，きちんと構造化された展開をして，児童生徒の意欲や活動量が低下してきたら，発破をかける言葉がけをして意欲づけていきます。

ただそのような指導行動だけでは，児童生徒が徐々に慣れてきて，意欲づけの効果が薄らぎます。

そこで同じ指導をさらに強くしてしまうと，悪循環に陥り，児童生徒は先生に言われたことだけをするようになっていきます。

活動のさせ方を，常に押しているだけの「急」のワンパターンにするので

はなく，取組みに違う展開を盛り込んだり，活動に乗らないときにはその原因を児童生徒に話し合わせたり，気分転換の学習ゲームを取り入れたり，「緩」にあたる取組みを入れることが必要です。

「急」の場面で力を出せるのは能力の高い児童生徒です。「緩」の取組みでなら行動できる児童生徒もいることを忘れてはなりません。

⑧ かたちより実を取る展開も心がける

活動や授業がきちんと型におさまって展開しているのは素晴らしいことですが，それだけを徹底しているのでは，教師の対応として不十分です。徐々に，児童生徒の活動や人間関係が形骸化していきます。

児童生徒の行動に対して，「何分間，静かに勉強の姿勢がとれたか」を重視するのではなく，「何分間，学習に集中することができたか，主体的に取り組んでいたか」という点に注目することが大事です。

授業で静かにしているけれどかたちだけになっており，50分間取り組ませて60%の成果なら，気分転換の学習ゲームやグループでの話し合いを10分間取り入れ，残りの40分間で集中させて80%の成果をめざしたほうが，結果としてはいいと思います。

⑨ 教師が「ありがとう」「助かったよ」という言葉を意識的に使う

人間関係で感じる喜びは，してもらったことと同じくらいに，してあげて喜ばれたという体験が大きいものです。

「学級がかたくなりがちな先生」は，きちんと指導するという対応は多いのですが，逆に，してもらうことが苦手で少ない傾向があります。

何でも自分でやらなければという責任感が強いからです。

立派なことですが，周りにとっては辛いこともあるのです。そういう相手

に対して,「助けて」「手伝って」と言いにくいからです。

その辛さは能力の低い児童生徒がより感じることでしょう。

児童生徒は「してあげた」喜びをこのタイプの先生に感じる機会が少ないと思います。「してもらった」と「してあげた」のバランスがいいと,人間関係はもちつもたれつで,良好になっていきます。

したがって,意識して教師が「ありがとう」と児童生徒に言える場面を設けましょう。自分でやったほうが速くても,児童生徒に任せるのです。それが児童生徒の支え合う人間関係の形成につながります。

⑩ 70点の活動でもまず良い点を積極的に認めていく

「学級がかたくなりがちな先生」は,がんばり屋さんが多く,達成目標も結構高いものです。

児童生徒の活動でも,かなりの成果を上げないと認めることは少ないのではないでしょうか。

つい,「がんばれ,もっとがんばれ」と発破をかけてしまいがちです。

これでは能力の高い児童生徒以外は疲れてしまいます。

多くの児童生徒が欲しいのは,とりあえず取り組んだことに対する「がんばったね」という言葉であり,これが児童生徒の意欲を喚起・維持し,行動を強化していくのです。

児童生徒の活動を見て,もっとがんばってもらいたいと思ったら,まずその取組みの良かった点を明確に指摘してあげること,これが第一歩です。

以上の10のポイントを試してください。

大事なことは,プラスの評価をされることが少なくなっている,能力的に平均以下の児童生徒への対応です。

❸ 小集団成立期の対策

● 小集団成立期によくみられる"悪い場合"の状況

　先生が見ている前では学級での活動は整然と展開し，学級生活も学級のルールに従って，児童生徒は大きな問題も起こさずに生活しています。しかし徐々にかたちだけになっていく兆しが現れ，学級の児童生徒は，先生から見て「いい子」「ふつうの子」「悪い子」の3層に固定化して，階層を基盤にした小グループを形成します。

　「いい子」とは，先生の期待に十分応えることができる，能力が高くグループ活動を仕切れるタイプの児童生徒です。「ふつうの子」とは，先生の期待になんとか沿うことができる，能力的に中程度で，自己主張を積極的にしないタイプの児童生徒です。「悪い子」とは，先生の期待に応えることができない，能力的にやや難があったり，集団活動が苦手で，教師に管理されたくないタイプの児童生徒です。

　授業や学校行事への参加などのフォーマルな学級活動では，「いい子」がリーダーとなってピラミッド構造で動き，一定の成果を上げます。この時点では多数の「ふつうの子」たちは，先生の支持を得ている「いい子」のリーダーに素直に従い，「悪い子」もまだ少数派なので，この流れにしぶしぶついていきます。

　しかし，すでに休み時間などのインフォーマルなときは，各層の児童生徒が固まり，時間の経過と共に「ふつうの子」「悪い子」たちの欲求不満がたまると，「悪い子」たちの比率が次第に高まり結束し，先生やリーダーの児童生徒に反発を始めます。比率の減った「ふつうの子」たちも，徐々に「いい子」に着いていく児童生徒が減り，「悪い子」たちの影響を受け，反発はしないものの不従順，すなわち消極的な反抗行動をとるようになります。

　こうなると，学級は一部の「しっかりやっている子」と，多数の「やる気のない子」と一定数の「反発する子」の3層に分かれた状態のように先生に

は見え，「やる気のない子」と「反発する子」の対応に追われるのです。「学級がかたくなりがちな先生」の学級の小集団成立期は，まさに上記のような状態に陥り始める時期なのです。

● 状況の背景にある要因

　児童生徒の評価と役割が固定気味になると，リーダーの児童生徒から指示を受けることの多い，相対的に評価の低い児童生徒に欲求不満がたまり，やる気が低下してしまうのです。

　この状態のまま学級の活動や生活が展開されると，マンネリが進行し，上記の傾向はさらに強まります。一定レベルを超えると反発も生まれます。最初は，教師の助手的存在のリーダー的な児童生徒に矛先が向けられますが，次第に教師に対しても向けられるようになります。

● "学級がかたくなりがちな先生"にすすめる対策

　学級での生活や活動の型を定めて展開するのは効率的ですが，その型や付随する役割が固定的で，展開方法もワンパターンでは，相対的に評価の低い児童生徒が反発するようになるのは，ふつうのことだと思います。そして，このような状況に，リーダー的な児童生徒も徐々にマイナスの影響を受けてくるのです。

　学級のルールや活動の系統だった展開を弱めなさいと言うつもりはありません。ルールの確立と系統だった活動の型があるプラス面を，「イベント的活動の導入」「大きなロールチェンジ」を取り入れて，より効果的に展開することを提案します。

　具体的なポイントは次の10点です（83〜91ページ）。

表6 学級がかたくなりがちな先生が直面しがちな,小集団成立期の状況

小集団成立期	
学級リーダー育成の目安（詳しくはp.34）	《コアメンバーを形成している》 ①学級の3分の1の児童生徒に,学級目標や学級のルールに沿う建設的な行動が定着するように,モデルとなる行動をしているグループでも中心的な児童生徒を,学級のリーダーとする ②不安のグルーピングを予防する
よくみられる状況	・表には出ていないが,先生と学級の雰囲気に不満をもっている児童生徒が過半数を超えている ・学級,児童生徒間の人間関係に一定以上の緊張感がある ・学級の活動がかたちだけになっていく傾向が見られ始める ・能力の高いリーダーの児童生徒が固定化し,リーダーシップを発揮しているが,周りの児童生徒は積極的に協力しているわけではない ・相対的に能力の低い児童生徒が先生や周りからの低い評価のなかで,やる気を低下させている ・先生に評価されない協調性の乏しい児童生徒が不満を抱え,リーダーの児童生徒に反発する ・学級活動の流れにのれない一部の児童生徒がグループ化し,反社会的な雰囲気を醸し出している
状況の背景にある要因	・学級での児童生徒の評価と役割が固定化し始めているので,リーダーの児童生徒から指示を受けることの多い,相対的に評価の低い児童生徒は欲求不満がたまり,やる気が低下してしまう ・同じようなシステムで学級の活動や生活が展開されると,マンネリが進行するので,上記の傾向はさらに強まり,一定レベルを超えると反発も生まれてしまう ・学級での生活や活動の型を定めて展開するのは効率的だが,その型や付随する役割が固定的で,展開方法もワンパターンだと,相対的に評価の低い児童生徒が反発する。最初は,教師の助手的存在のリーダー的な児童生徒に矛先を向け,次第に教師に対しても反発する。このような状況に,リーダー的な児童生徒も徐々にマイナスの影響を受けてしまう

① 定期的に役割を交替して活動に取り組ませる

　リーダーシップの発揮を伴う役割に，能力の高い児童生徒を割り振り，継続して活動させると，徐々に役割行動が個人的資質のように周りからは見えるようになります。この作用を活用し，すべての児童生徒にリーダーシップとフォロワーシップの発揮の仕方を身につけさせたいのです。「"学級がゆるみがちな先生"にすすめる対策」の8（p.65）を，リーダーを固定しないという視点で活用するのです。

　したがって，能力が高く進んでリーダーシップを発揮する児童生徒には，別の活動では，フォロワーシップ行動の内容を含んだ役割を割り振り，その役割に積極的に取り組ませます。

　こういう児童生徒は，華のある役割には意欲的に取り組みますが，裏方的な役割には意欲的に取り組まないことが珍しくありません。リーダーの役割の児童生徒の行動を，批判だけする場合もあります。

　各役割の内容と責任，意義を全員に理解させ，協力して一つの活動を完了させる体験を積み重ねていき，すべての役割の大事さを実感させていきます。

　能力が高く進んでリーダーシップを発揮できる児童生徒が，フォロワーの役割をしっかりやっている場面こそ，きちんと評価してあげたいものです。

　流れができると，ほかの児童生徒もフォロワーの役割に意欲的に取り組むようになり，リーダー的な役割にもチャレンジするようになるでしょう。

② イベント的活動を取り入れる

　楽しい体験を共有することで，児童生徒の閉じ気味な人間関係を，少しずつ開いていくことが期待できます。

　児童生徒の人間関係の停滞が続いたり，活動がマンネリ化してきた様子が目立ってきた（集中できる時間が短くなってきた）ときに，時間を調節して

ゲーム的な活動や，キャリア教育につながる活動を取り入れるのです。

要するに，全員で気分転換を図るか，近未来を考えることによって現在何をすべきかを明確にして意欲を喚起するわけです。

ゲーム的な活動では，「友達ビンゴ」や「何でもバスケット」「ジェスチャーゲーム」などや，エンカウンターのエクササイズもいいでしょう。教師も児童生徒と一緒に楽しめると一層効果があがります。

このときは，少々羽目を外す場面があっても目をつぶります。

キャリア教育につながる活動は，グループごとに，関心のある職業人のライフラインを調べて新聞をつくる，その後，グループのメンバーを変えて話し合う，などの活動です。教師も自分のライフラインを紹介したり，話し合いに一参加者として加わったりしてもいいと思います。

結論を出す必要はなく，各自の思いや考えを交流するのが目的です。

いろいろなグループで，いろいろなメンバーで，やれるといいでしょう。

③ 定期的に地道な活動をしている児童生徒にスポットライトを当てる

大きな行事や活動で，目立つ役割やヒーロー的な活躍をした児童生徒に，注目や称賛が集まるのは自然なことですが，「学級がかたくなりがちな先生」の学級では，それが特定の児童生徒に偏る傾向があり，注意が必要です。

みんなどこかで認められたいと思っているものですが，それがないと，たとえ称賛を受けている児童生徒が素晴らしいとしても，心から讃えられず，妬んでしまうのが人間です。

そこで，運動会や文化祭などの大きな行事，週末の振り返りの会などに，「隠れたヒーロー，ヒロイン」をみんなで選んで発表するなどの場面を設定します。

こういう活動が定着すると，児童生徒は，目立たなくても，責任感の強い

人，優しい人を自然と見ようとし，人間関係もより広がります。

④ 雑談や対話する時間を意識してもつ

朝や放課後の時間，給食を一緒に食べるなどして，雑談の時間を意識して設定していきます。少し近寄りがたいイメージを払拭し，児童生徒から親しみをもってもらうためです。

スポーツの話，食べ物の話，何でもいいのです。

教師に近づいてこない児童生徒を中心に，少しでも気さくに話せるような関係の構築をめざします。教師役割を少し離れておこなうのは言うまでもありません。

さらに，教師と距離を取りがちな児童生徒には，放課後など15分くらいの時間をとり，対話する時間を意識して設定していきます。

対話とは「解決を必要としない」話し合いで，その児童生徒が学級で感じている様々な問題点を共有することが目的です。

教師は聞き役に徹するくらいがちょうどいいのです。

少数意見も確実に拾い上げていきましょう。

⑤ モデリングを促進する

リーダー的な児童生徒とやる気が低下した児童生徒が分離するのは，相手のことを十分に理解し合っていないからです。

やる気が低下した児童生徒は，リーダー的な児童生徒を，「先生の評価をうまく得ている要領のいい奴」，または，「自分とは違って能力がとても高い」と，自分から切り離して捉えがちです。

モデリングを促進するためには，個人をほめるのではなく，行動の意味や努力のプロセスを解説するのです。教師は，一つの適切な行動や高い成果を

取り上げて、なぜ評価に値するのかを説明したり、高い成果に至るまでにはどのような努力があったのか、具体的に努力の仕方を教えたりします。

また、目立たない児童生徒のよさを周りの児童生徒に気づかせる働きかけも必要です（ポイント3，p.84）。

相手のことにいろいろ気づくことができたら、自分との共通点も見出し、そこからかかわるきっかけが生まれ、自然といい点を真似しようとします。

⑥ 評価の低い児童生徒には日に2回は認める言葉がけをする

どうしても教師の価値軸から外れ、あまり高い評価はできない児童生徒はいるものです。

筆者も、遅刻が多く、課題もおざなりにやってきて帳尻だけ合わせようとする要領のよい学生は、あまり好きになれません。どうしても批判的な目を向けてしまうし、気さくに話しかけることも少なくなりがちです。

先生のこういう思いは必ず相手の児童生徒に伝わり、両者の関係はより疎遠になり、児童生徒もますますやる気を低下させるという悪循環に陥ります。

こういうケースでは、先生がその児童生徒に抱く全体のイメージをちょっと横におき、日に2回は、好ましい行動の一つを取り上げ、認める言葉がけをしてあげるのです。「講義のプリント、ちゃんとファイルしてあるね」「分かりやすい発表だったね」という具合です。

少しずつ、プラスのフィードバックを伝え、関係の再構築を先生からしていくことが求められます。

⑦ 全体への注意は，不安の強い児童生徒が無理なく聞けるレベルでおこなう

　一部の児童生徒の逸脱行動とそれに巻き込まれている3割くらいの児童生徒がいる場合，全体に対して厳しく注意することがあります。

　例えば，授業中の私語を注意する状況です。

　このような場合，逸脱行動をしていた当の児童生徒は先生の注意を軽く受け流し，直接関係のなかったまじめで不安の強い児童生徒が，正面から受け止めることが少なくありません。

　このようなことが繰り返されると，そのようなまじめな児童生徒の意欲がどんどん低下して，学級の雰囲気は徐々に悪くなります。

　どうしてもしなければならない全体への注意は，不安の強い児童生徒が受け止められるレベルでおこないましょう。

　強く注意しなければならない逸脱行動をしている児童生徒には，個別に時間をとって，じっくり対応しなければなりません。

⑧ チャレンジして失敗した場合は，叱らず一緒に原因を考える

　がんばったけどマイナスの結果になったとき，そこから何を学び，それを次にどうつなげていくのか，このような思考ができる学級の雰囲気を，意識して形成していくことが必要です。

　児童生徒がそれなりに考えて，活動に+αをつけ加えたのですが，それがかえって全体の成果を低下させてしまったという場合があります。発表のとき，周りをひきつけるための+αの話が長くて，肝心の本論の発表が中途半端で終わってしまった，というような場合です。

　そのようなとき，結果だけを捉えて，「余計な話はしなくていいよ」と注意してしまうことがあります。

しかし，このような場合は，本人もがっかりしているのです。
　注意された児童生徒は，取組み全体の成果を否定され，さらに自分自身まで否定されたように感じられて，やる気を一気に喪失してしまうでしょう。意欲の芽をつみとられたと感じてしまったり，言われたことをかたちだけやればいいと投げやりな行動をするようになってしまうこともあります。
　したがって，**この失敗から何を学び，次にどう生かすかを考える方向に展開していくことが大事です**。まず＋αにチャレンジした点をしっかりほめ，その後，「構成をミスってしまって残念だったね。しっかり準備してあったのにね。次はどうすればいいか一緒に考えよう」と展開します。
　また，学級全体の活動においても同様です。みんなで工夫した点がうまくいかず，合唱祭の評価が低かったというような場合です。
　このようなとき，結果を捉えて，「誰が悪かったのか」と個人に原因を求めがちになるのが集団心理です。このような雰囲気に流されてはいけません。
　きちんと，みんなで工夫して優勝をめざした意欲とがんばりを大いに認め，その後で，原因をしっかり分析し，次はどうすればいいのかをみんなで考えるように，毅然と展開していかなければならないのです。

⑨ リーダー格の児童生徒であっても不適切な行動に甘い対応はしない

　能力が高く，みんなから一目置かれている児童生徒がリーダーシップをとり，学級をまとめて引っ張っていくことがあります。このような児童生徒は教師にとっても好ましいものです。そういう児童生徒の行動は，全面的に支持していきたいものです。
　しかし，そういう児童生徒も人間であり，かつ，まだ子どもなのです。
　ときには，異性の太った級友を周りの児童生徒がからかっているのに，同調してしまうこともあると思います。つい，度を越した行動をしてしまうこ

ともあると思います。

　このような場合，「学級がかたくなりがちな先生」は，大目に見てしまうことが少なくありません。

　固定気味のリーダー格の児童生徒の不適切な行動は，大目に見るのではなく，その行動をきちんと指摘し，改めさせなければなりません。それがほかの児童生徒にも，いいモデルになるのです。

　注意しても，その児童生徒と先生の信頼関係があれば，「あっ，すいませんでした」とすぐに気がついて，以後適切な行動をするでしょう。注意するのに躊躇するのは，その児童生徒との関係が表面的だと教師が感じているからではないでしょうか。

　いままでのほかの行動を考えて，意識的に大目に見ている場合もありますが，「あの子のことだから，単なる軽い冗談なのだろう」と，考えてしまうことが多いのです。

　逆に，普段から低い評価をしている児童生徒には，即座に注意してしまうことでしょう。

　このような認知パターンの傾向には，常に気をつけなければなりません。「あの先生はひいきする」という児童生徒の噂の源泉も，教師の意識していない認知パターンから起こっていることが多いのです。

　ほかの児童生徒はしっかり見ています。

　そもそも注目されている児童生徒は，良きにつけ悪しきにつけ，周りの児童生徒から注目されているものです。「あいつだけは怒られない，特別扱いされている」「うちの先生は人を見て評価や対応を変えている。児童生徒をひいきする」という捉え方につながりやすいのです。

　教師が児童生徒をほめたり注意したりする際の鉄則は，あくまでも目の前の行動や態度に対してであり，個人の人格に対してではないはずです。

　価値基準が明確できちんとした行動をしている人は，上記のような傾向に陥る危険性があるのです。

10 不適切な行動には,謝らせるのではなく,責任のとり方を教える

　状況に対して自発的に適切に判断し,自ら行動できる児童生徒を育てていきたいものです。

　教師の見ている前だけで,適切な行動を繰り返させていても,期待する方向に児童生徒は育っていきません。教師が児童生徒の不適切な行動を発見し,それを注意し教師に謝らせるだけの対応は,その最たる例です。

　このような対応を繰り返すと,児童生徒は教師に管理されていると感じてきます。

　教師はその行動が不適切な意味を児童生徒に理解させ,責任をどのようにとればいいのか,次からはどのように行動すればいいのかを,一緒に考えながら確認していくという対応が必要です。

　叱るというスタンスではなく,一緒に考えていくというスタンスです。

　小集団成立期には,このような対応の積み重ねが,切に求められます。

　以上の10のポイントを試してください。

　「学級がかたくなりがちな先生」は,小集団成立期に課題を抱えることが多いのです。

　「きちんと方向性を示し,確実な指導ができる」という持ち味を生かすためには,**学級全体の活動,児童生徒がかかわり合う場面をどのように設定するか,個別対応が十分にできるかが,ポイントになる**と思います。

　このタイプの先生は,ご自身の能力が高く努力家の方が多いので,児童生徒に対する要求水準が高い傾向があると思います。そして,全体にかかわるペースが,自分と似ている能力の高い児童生徒のレベルに近いので,ほかの児童生徒がついてこられない面があるのです。

　要求水準の高さは,一度全体に説明すればできるはずだという思いが伴い,

学級の児童生徒（とくに能力が平均以下の児童生徒）に対する個別対応の少なさにつながってしまうことがあります。

　最初からここまでできなければと迫るのではなく，現状をさらによくするにはどうすればいいのか，という視点で対応することが求められます。

　向上心をすべての児童生徒にどのように育み，どうすればそのような思考の仕方を定着させていくことができるかの方法論が必要です。具体的な方法を熟知し，確実にできるようにしていくことが求められます。

第5章
学級集団のなかで，人とかかわる力を育てる

1 学級集団づくりの今日的意味

● 学級集団づくりに期待されるもの

　戦後の日本社会は経済発展が重視され，学校教育にはそれに貢献できる人材の育成が期待されました。そこでは，まず教えるべき内容，適応すべき集団が先にあり，それを学びそれに素直に参加するのが児童生徒であり，学ばず集団適応できない，友人がつくれないのは，その児童生徒が悪い，という風潮が学校にみられたことは否定できませんでした。

　一定の経済発展を成し遂げた現在の日本の社会は，個人らしい生き方を重視した成熟社会をめざしており，学校教育にも児童生徒の個の発達への支援が，強く求められてきたのです。その傾向は，近年，保護者の学校に対する要求や，インクルージョンの理念をもつ特別支援教育の推進などにもみることができます。いま，学級集団づくりは，児童生徒個々の特性を受容し，積極的に生かし，多様な個を含む集団として成熟しなければならない，という展開が求められています。

● 教師に求められる力

　1990年から，不登校の問題の深刻化に加えて，学級崩壊の問題が表面化し

ています。学級集団では，一部の児童生徒が学級集団に適応できないという問題だけでなく，学級集団そのものの確立がむずかしいという問題も抱えるようになってきたのです。これは，社会の変化に学校現場がついていけなくなっている兆候だと思います。

つまり，家庭や地域社会での体験学習が不足しがちであることで，児童生徒の人間関係を形成する力の低下が深刻になっているのです。このことも背景となって，近年は，教師は児童生徒の個の発達を促すために，学級の人間関係をどう育成し，どのように学級集団づくりをしていけばいいのかを考え，実行する力量が問われています。

学級の児童生徒の人間関係の形成をファシリテート（促進する）していく力量，それに基づく学級集団づくりの力量は，これからの教師の指導力のなかの大きな比重を占めると思います。本章では，前章までの内容を踏まえ，児童生徒の人間関係をさらに育成するためのポイントを解説します。

❷ 学級集団にみられる人間関係の教育的意義

● 学級集団のなかで体験学習できること

学校教育の目的は，自他の人間の存在価値を尊重し，自分の生活をコントロールし，社会的に自立したかたちで自己責任を積極的に果たそうとする人格を完成させることです。児童生徒が学級で人間関係を形成し，学級集団づくりに主体的にコミットすることは，学校教育の目的につながる大切な学習です。

自己の確立，人格の完成に至るプロセスでは，いろいろなタイプの人とかかわり合い，自分のいろいろな面を体感することが必要です。児童生徒にとっての最も身近な社会は学級集団であり，学級集団での生活や活動にはそのようなチャンスが豊富にあります。

学級の児童生徒の人間関係がある程度安定し，一定の行動様式がみられるようになると，なんとなく教室にいるだけだった児童生徒の集まりは，学級

集団としての体をなしてきます。単なる人々の集まりではなく、集まった人々のなかに「共有する行動様式」がある、人間関係があり、みんなで一緒に動く際のマナーやルールを共有する人々の集まりになります。これが集団なのです。

● **学級集団の人間関係が育む、社会で生きるための力**

　児童生徒は、学級全体でかかわる行事やその他の活動を通して、徐々に「集団、集団と個のかかわり合い」という意識をもてるようになります。その意識は、行事やその他の活動のための話し合い活動を通して、他者から評価、励まし、叱責、肯定などを得ることによって育まれ、行事や活動の参加体験によって実感を伴うと強化されます。つまり、児童生徒個々の社会性や市民性の育成には、このような児童生徒の建設的な話し合い活動が不可欠なのです。

　「建設的な」とは、各自が集団の一員という当事者意識をもち、内在化されたルールやマナーのもとに、不安なく自分の考えや感情を表明できる、ほかの児童生徒の考えや感情を理解できる、そのような交流が成り立つ状態です。逆に、児童生徒の意識性が低いなかで、かたちだけ参加したような行事や活動をいくら繰り返しても、教育的効果は少ないのです。

　児童生徒の建設的な話し合い活動の成立には、集団生活におけるルールやマナーを一人一人が習得することが必要です。「教師が指導すること」と「児童生徒の主体性に委ねること」は対立概念ではなく、「自治的な学級集団での生活や活動を通して児童生徒の個を育成するという教育的営み」のなかで、一体となっていなければなりません。

　児童生徒や学級集団の状況に応じた教師の適切な対応によって、児童生徒は集団づくり、集団での生活や活動のあり方の方法や知識を徐々に身につけ、それに応じた人間関係を形成していきます。そしてそのプロセスを通して、規律や規範の意味や意義について、体験的に自発的に学んでいくのです。

　最終的に児童生徒は、学級集団という児童生徒にとっては小さな社会を、

自分たちが主導する建設的な話し合い活動を通して，支え合う・学び合う・高め合う集団として自分たちで経営できるようになります。また共同する力，自立（自律）する力を統合して身につけていくのです。

　自治的集団では，児童生徒の人間関係やかかわり合いは，第1章で述べたグループアプローチのプラスの効果と類似しています。このような教育力のある学級集団，児童生徒の人間関係が目標になるのです。

❸ 学級集団の発達段階と児童生徒の人間関係

●「小集団成立期までの集団は，中集団成立期以降とは決定的に質が違う」

　混沌・緊張期，小集団成立期は，学級が学級集団として成立するための，重要な時期です。この時期は，「児童生徒の主体性に委ねる」だけでは，児童生徒は建設的な話し合い活動を展開できるようにはなりません。また，規律や規範の意味や意義は，教師が一方的に厳格に教え込んでも，それが児童生徒の自発的な行動に結びつくことは少ないのです。

　小集団成立期までの学級集団では，人間関係がまだ不安定な状態です。児童生徒は自分のことで精一杯で，「集団の一員である」という意識がなかなかもてません。個人的な不安の解消や防衛，個人的な満足感の追求が優先されて，学級の生活や活動，ほかの児童生徒とのかかわり合いがおこなわれがちです。

　要するに，小集団成立期までの学級は，集団として不十分な状態です。児童生徒のかかわり合いは不安定で，建設的な話し合い活動の成立も不十分であり，学級の児童生徒の人間関係は，教育的に作用していかないのです。

　どのようなタイプの児童生徒が学級のリーダーとなっているか，どのようなかたちでリーダーシップを発揮しているかをみれば，その学級集団の状態，学級集団の発達段階は，おのずとわかってくるものです。「学級がゆるみがちな先生」と「学級がかたくなりがちな先生」が担任する学級には，中集団の成立過程で乗り越えるべき課題の達成に，難を抱える傾向がみられます。

● **中集団成立期以降の児童生徒の人間関係の留意点**

　学級集団も中集団成立期まで発達してくれば、児童生徒の人間関係もあとは良好に展開されていくと考えるのは早計です。ルールやマナーがメンバーに共有されて成立している学級集団でも、一定の作用が働いていないと現状維持もむずかしくなります。

　集団は、「成熟」「退行（発達段階が下がる）」という２つの相反する力のバランスで、時間と共に成熟していく場合もあれば、退行し崩壊していく場合もあります。個人と集団の関係は、螺旋のようになっており、学級集団の退行は、児童生徒の人間関係のもち方にマイナスの傾向として現れます。逆に、児童生徒に非建設的な人間関係のもち方がみられるようになってきたら、それは学級集団が退行している兆候だということです。

　以下に、中集団成立期以降まで発達した学級集団が、その後に退行してしまう主なケースを、学級の人間関係の問題にスポットライトを当てて解説します。例として、学年対抗の合唱祭への取組みを取り上げますが、そこにはいくつかの共通する要因があります。合唱祭に取り組むにあたって、最初に10人くらいの各パート（中集団）に児童生徒を分けて練習させ、最後に３つ、４つのパートが集まって全体練習をするケースです。

　３つの例（96～99ページ）の「状況の背景にある要因」の各項目の◆、■は、２点の鉄則（p.99・100）に対応しています。

● **中集団成立期から小集団成立期に退行していくケース**

　中集団成立期から小集団成立期に退行してしまうパターンには、中集団活動がマンネリ化して、中集団内の小グループが対立したり階層化したりというのがあります。合唱祭に向けての取組み方に温度差が生まれ、まじめにやっていることがバカらしいという意識が蔓延し始めます。その結果として、中集団でまとまって活動することがむずかしくなり、閉じた小グループで行動することが多くなるという傾向がみられます。また、いくつかの小グループが対立してしまう場合も少なくありません。

〈よくみられる状況〉
　①特定のパートが練習をさぼりがちになる
　・パートリーダーの指示にほかのメンバーが従わず，まとまりがつかない
　・パート内が小グループに分裂して，足並みがそろわない
　②全体練習で特定のパートがお荷物になり，一定レベルの練習ができない
　・全体のリーダーの指示に従わないパートがある
　・パート間でいざこざや対立がみられる
　・まじめにやっているパートのメンバーたちもやる気を失う

〈状況の背景にある要因〉
　■中集団活動でおこなう各イベントのビジョンの確認，組織づくり，活動する仕組みづくりが不十分なまま，マンネリ的な活動になってしまっている
　◆中集団のリーダー的な存在（人，小グループ）と，非協力的な存在（人，小グループ）が固定化してきてしまっている
　◆個人のがんばりが中集団活動のなかでどのように位置づいているのかが漠然としており，全体にモチベーションの低下，責任感の低下が起こってしまっている

● 中集団成立期から自治的集団成立期に進めないケース
　中集団成立期から自治的集団成立期に進めないパターンには，かたちとしてはできているのですが，より向上しようという雰囲気が弱い傾向があります。その結果として，学級全体で活動することはできますが，全体集団成立期の状態になっていく傾向がみられます。自治的集団成立期の学級では，各児童生徒それぞれの承認感が高いのが特徴ですが，全体集団成立期の学級では，児童生徒個々の承認感に高低が生じています。

〈よくみられる状況〉
　①パートごとにスケジュールに沿って練習に取り組む

・パートリーダーの指示の下，各メンバーは自分の役割に取り組む
・それなりに取り組んでいるが，活気がいまひとつの状態である
②全体練習は，全体リーダーと各パートリーダーが話し合い，一定レベルでできる
・組織化され，だいたいの足並みはそろって活動する
・一部のさぼりがちな児童生徒は，みんなのなかで最低限の活動をする

〈状況の背景にある要因〉
　◆中集団以上で取り組む活動のリーダーシップをとる者が，固定化してしまっている。ほかの児童生徒はそれに従うだけという階層が生じ，みんなで知恵を出し合って，協力し合ってという自治的な雰囲気が生まれてきていない
　◆承認感の低い児童生徒にやらされ感が高まり，モチベーションや責任感の低下が起こり，全体活動の質と量を低下させてしまっている
　■新たな創造をする機運が少なく，全体にマンネリ感が生まれてしまっている
　■より向上しようという雰囲気が弱くなっている

● 自治的集団成立期から中集団成立期に退行していくケース

　自治的集団成立期から中集団成立期に退行してしまうのには，自治的な活動ができていたのがだんだんと児童生徒の役割が固定化し，マンネリ感が生まれて，活動の成果が低下していくパターンがあります。その結果として，学級全体で活動することはできるのですが，全体集団成立期の状態になっていくという傾向がみられます。このような退行が継続すると，学級集団は中集団成立期までさらに退行していくのです。また，ワンマン化したリーダーの児童生徒やグループに対する反発も生まれ，学級がギクシャクしてくる場合もあります。

〈よくみられる状況〉
　①パートごとにスケジュールに沿って練習に取り組む

- パートごとに取組みに対する温度差がある
- それなりに取り組んでいるが，活気がいまひとつである

②全体練習は，全体リーダーと各パートリーダーが話し合い，一定レベルでできる
- 組織化され，だいたいの足並みはそろって活動する
- 新たな提案や斬新なアイデアが採用されることは少なく，例年どおりの無難な取組みを志向する

〈状況の背景にある要因〉
■中集団以上でおこなう各イベントで，忙しいなか，ビジョンの確認，組織づくり，活動する仕組みづくりが不十分なまま，マンネリ的な活動になってしまっている
◆中集団以上で取り組む活動のリーダーシップをとる者が，固定化し始めてしまっている。指示に従うだけのやらされ感の高くなった児童生徒が出てきて，モチベーションや責任感の低下が起こり始めてしまっている
■学級全体により高きをめざすという機運が低下してしまっている
■責任感の低下，なれあい的な行動をとる児童生徒に対して，無関心な雰囲気が全体に生まれ始めてしまっている

● 学級集団づくり，人間関係づくりの鉄則

以上の3パターンに陥ることを予防するには，次の2点の鉄則をおさえます。

この2点の鉄則がないがしろになると，どんな集団も退行していきます。2つの鉄則は，学級集団のすべての発達段階の規定となるポイントであり，同時に，児童生徒の人間関係づくりの規定となるポイントでもあるのです。

〈2点の鉄則〉
◆集団は各メンバーの承認感や意欲を維持する日々の働きかけが不可欠である
集団は各段階の成立要因を満たしながら，同時に，現状のままふつうに存続さ

せていくためには，各メンバーの承認感や意欲を維持喚起する取組みを，日々していかなければならないのです。

■**集団は常に発達する方向に展開されていくことが必要である**

集団は成熟に向かっている状況でないと，メンバー間にマンネリ感やなれあいが生じ，必ず退行していきます。たとえ自治的集団でも，より高まろうという雰囲気がなくなると同様の傾向がみられます。

引用文献

野島一彦編『現代のエスプリ　グループ・アプローチ』至文堂　1999　pp.9-10
河村茂雄『学級集団づくりのゼロ段階』図書文化　2012
河村茂雄『日本の学級集団と学級経営』図書文化　2010

参考文献

河村茂雄『学級崩壊に学ぶ』誠信書房　1999
ロバート・K・グリーンリーフ著　金井壽宏監訳　金井真弓訳『サーバントリーダーシップ』英治出版　2008
河村茂雄・品田笑子・藤村一夫編著『学級ソーシャルスキル　小学校低学年』図書文化　2007
河村茂雄・品田笑子・藤村一夫編著『学級ソーシャルスキル　小学校中学年』図書文化　2007
河村茂雄・品田笑子・藤村一夫編著『学級ソーシャルスキル　小学校高学年』図書文化　2007
河村茂雄・品田笑子・小野寺正己編著『学級ソーシャルスキル　中学校』図書文化　2008
河村茂雄ほか企画・編集『学級経営スーパーバイズ・ガイド　小学校』図書文化　2004
河村茂雄ほか企画・編集『学級経営スーパーバイズ・ガイド　中学校』図書文化　2004
河村茂雄ほか企画・編集『学級経営スーパーバイズ・ガイド　高等学校』図書文化　2004

あとがき

　昨年，私の授業に出席していた他学部のある学生の話が，心に引っかかっています。曰く，「都内の進学校を卒業し，東京大学に落ちたので，早稲田大学にきた。4年間それなりに楽しく過ごし，就活をして4年生の夏に都銀の内定をもらった。しかし，時間と共に，自分には『銀行員になりたい』という気持ちがないことにはっきりと気がついた。そもそもいまの学部も自分の偏差値がそれくらいだから入っただけだった。高校生活のなかで，自分の生き方について仲間とじっくり話し合ったことなどなかった。進路指導も自分の偏差値にあった大学・学部を担任と確認しただけだった」と。その後，彼は進路指導や学級経営がしっかりできる高校教員になることを決意して，内定を断り，留年して一から教職課程の授業を受けています。

　身近でも，いろいろと迷いながら就職活動をしているゼミの4年生たちを見ていて思うのは，ゼミは単に自分の研究テーマを深めていく場だけではなく，河村ゼミという集団を通して，本書で問題提起したような「学級リーダー育成」を系統的に進めながら，能動的に学生個々の人格や社会性，市民性の育成もしていく時代になったのではないかということです。

　本書で取り上げた内容は，義務教育の学校・学級だけではなく，青年期真っ只中の高校生や大学生にも，キャリア教育と関連づけながら，系統的に取り組んでいくことが切に求められると思います。

　本書が，集団活動や人間関係の相互作用を通して個の育成をめざしている先生方の実践に，少しでも寄与できたら幸いです。本書を出版するうえでたくさんの支援をいただいた，図書文化社出版部の佐藤達朗さんに，感謝の意を表したいと思います。

2014年5月
　　　　私たちの活動をずっと支えてくれたリーダー，故村主典英氏を偲びながら
　　　　　　　　　　　　　　　　　　　　　　　　　　　　　　　河村茂雄

▼△著者紹介△▼

河村　茂雄（かわむら　しげお）　早稲田大学教育・総合科学学術院教授

筑波大学大学院教育研究科カウンセリング専攻修了。博士（心理学）。公立学校教諭・教育相談員を経験し，岩手大学助教授，都留文科大学大学院教授を経て，現職。日本学級経営心理学会理事長，日本教育カウンセリング学会理事長，日本教育心理学会常任理事，日本カウンセリング学会常任理事，日本教育カウンセラー協会岩手県支部支部長。論理療法，構成的グループエンカウンター，ソーシャルスキルトレーニング，教師のリーダーシップと学級経営について研究を続ける。

「みんながリーダー」の学級集団づくり！
学級リーダー育成のゼロ段階

2014年7月10日　初版第1刷発行　［検印省略］
2023年8月1日　初版第5刷発行

著　　者　Ⓒ河村　茂雄
発 行 人　則岡　秀卓
発 行 所　株式会社　図書文化社
　　　　　〒112-0012　東京都文京区大塚1-4-15
　　　　　TEL：03-3943-2511　FAX：03-3943-2519
　　　　　振替　00160-7-67697
　　　　　http://www.toshobunka.co.jp/

装　　幀　中濱　健治
Ｄ Ｔ Ｐ　有限会社　美創
印刷・製本　株式会社　厚徳社

JCOPY〈出版者著作権管理機構　委託出版物〉
本書の無断複写は著作権法上での例外を除き禁じられています。複写される場合は，そのつど事前に，出版者著作権管理機構（電話 03-5244-5088，FAX 03-5244-5089，e-mail：info@jcopy.or.jp）の許諾を得てください。
ISBN978-4-8100-4646-5　C3037
乱丁・落丁本の場合はお取り替えいたします。
定価はカバーに表示してあります。

河村茂雄の学級経営

● Q-U 検査を知る

学級づくりのためのQ-U入門
A5判　本体1,200円

● 要点の早わかり

授業づくりのゼロ段階
[Q-U式学級づくり入門]
A5判　本体1,200円

学級集団づくりのゼロ段階
[Q-U式学級集団づくり入門]
A5判　本体1,400円

「みんながリーダー」の学級集団づくり!
学級リーダー育成のゼロ段階
A5判　本体1,400円

● 学級集団づくりの実践

Q-U式学級づくり
満足型学級育成の12か月
小学校（低学年／中学年／高学年）・中学校
B5判　本体各2,000円

シリーズ 事例に学ぶQ-U式学級集団づくりのエッセンス
集団の発達を促す学級経営
小学校（低／中／高）・中学校・高校
B5判　本体2,400〜2,800円

学級集団づくりエクササイズ
小学校編・中学校編
B5判　本体各2,400円

学級崩壊 予防・回復マニュアル
B5判　本体2,300円

● 社会的スキルの育成

学級ソーシャルスキル
小学校（低学年／中学年／高学年）・中学校
B5判　本体各2,400円（中学のみ2,600円）
CD-ROM版（Windows）　本体各2,000円
※CD-ROM版には、書籍版の2〜4章（実践編：掲示用イラストとワークシート）がデータで収録されています。

● 学級タイプに応じる指導案

授業スキル
小学校編・中学校編
[学級集団に応じる授業の構成と展開]
B5判　本体各2,300円

学級タイプ別 繰り返し学習のアイデア
小学校編・中学校編
B5判　本体各2,000円

● その他

データが語る
①学校の課題
②子どもの実態
③家庭・地域の課題
A5判　本体各1,400円

公立学校の挑戦
小学校編・中学校編
A5判　本体各1,800円

教育委員会の挑戦
A5判　本体2,000円

実証性のある
校内研究の進め方・まとめ方
A5判　本体2,000円

日本の学級集団と学級経営
A5判　本体2,400円

図書文化

※本体には別途消費税がかかります。